고등학교 졸업자격

검정
고시의
정석

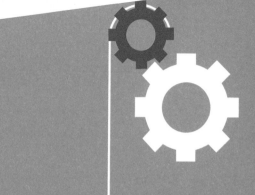

최신
개정판

이타임라이프

편집부 저

수학

Contents

I

·

다항식

01 다항식의 연산

01 문자와 식

다항식 : 문자들과 숫자들의 덧셈 또는 뺄셈으로 이루어진 식

예 문자 계산

$$x + x = 2x \qquad\qquad x \times x = x^2$$
$$2x + 3x = 5x \qquad\qquad 2x \times 3x = 6x^2$$
$$4a + 2a = 6a \qquad\qquad x \times x^2 = x^3$$
$$5a - 2a = 3a \qquad\qquad 4x^2 \times 4x^2 = 16x^4$$

● 기본문제

1. 다음을 계산하시오.

(1) $5x + 6x$

(2) $(-3x) + (-4x)$

(3) $(-3x) + (5x)$

(4) $(-6x) + (2x)$

(5) $(-2a) + (-3a)$

(6) $(-3y) + (4y)$

풀이/정답

(1) $11x$ (2) $-7x$ (3) $2x$ (4) $-4x$

(5) $-5a$ (6) y

2. 다음을 계산하시오.

(1) $4x \times 2x$

(2) $(-2x) \times (-3x)$

(3) $(-3x) \times (4x)$

(4) $4a \times 2a$

(5) $(-2y) \times (-3y)$

(6) $(-3x^2) \times (4x)$

 풀이/정답

(1) $8x^2$

(2) $6x^2$

(3) $-12x^2$

(4) $8a^2$

(5) $6y^2$

(6) $-12x^3$

다항식의 용어

1) 단항식 : 숫자나 문자가 곱셈기호만으로 연결된 식

2) 항 : 다항식에 포함된 각각의 단항식

3) 상수항 : 숫자로만 이루어진 항

4) 차수 : 항에서 문자가 곱해진 개수

   예 x^2 ($x \times x \Rightarrow x$가 2개 곱 그러므로 2차식)

5) 계수 : 문자 앞의 수

6) 동류항 : 문자와 차수가 같은 항

7) 다항식의 정리 : 차수가 높은 것부터 낮아지는 차례로 정리(내림차순)

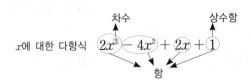

x에 대한 다항식 $2x^3 - 4x^2 + 2x + 1$

[예] x에 대한 삼차다항식 $2x^3 - 4x^2 + 2x + 1$에 대하여 다음과 같이 설명할 수 있다.

(1) 항은 4개이다. (2) 다항식의 차수는 3차이다.

(3) x^2의 계수는 -4이다. (4) 상수항은 1 이다.

● 기본문제

1. 다항식 $-4x^2 + 6 + 2x^3 + 5x$에 대하여

(1) 내림차순으로 정리하시오.

(2) 항의 개수는?

(3) x^2의 계수는?

(4) 상수항은?

(5) 식의 이름은?

 풀이/정답

(1) $2x^3 - 4x^2 + 5x + 6$ (2) 4개

(3) -4 (4) 6

(5) x에 대한 삼차다항식

2. 다항식 $-6y^2 - 1 + 3y^3 + 5y^4$에 대하여

(1) 내림차순으로 정리하시오.

(2) 항의 개수는?

(3) y^3의 계수는?

(4) 상수항은?

(5) 식의 이름은?

 풀이/정답

(1) $5y^4 + 3y^3 - 6y^2 - 1$ (2) 4개

(3) 3   (4) -1

(5) y에 대한 사차다항식

02 다항식의 덧셈과 뺄셈

덧셈 : 괄호를 풀고 동류항끼리 모아서 간단히 한다.

뺄셈 : 빼는 식의 각 항의 부호를 바꾸어서 더한다.

예 두 다항식 $A = 4x + 3$, $B = -2x + 7$에 대하여 다음을 계산하여라.

(1) A + B

$= (4x + 3) + (-2x + 7)$

$= 4x + (-2x) + 3 + 7$

$= 2x + 10$

(2) A - B

$= (4x + 3) - (-2x + 7)$

$= 4x + 3 + 2x - 7 = 4x + 2x + 3 - 7$

$= 6x - 4$

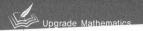

● 기본문제

1. 다음을 계산하여라.

(1) $(5x - 3) + (2x - 1)$

(2) $(2x + 3) + (-4x + 6)$

(3) $(2x^2 - 3x - 2) + (x^2 + 4x + 3)$

(4) $(3x^2 - 1) + (x^2 + 2x + 1)$

 풀이/정답

동류항끼리 계산한다.

(1) $7x - 4$ (2) $-2x + 9$

(3) $3x^2 + x + 1$ (4) $4x^2 + 2x$

2. 다음을 계산하여라.

(1) $(2x - 3) - (-4x + 6)$

(2) $(5x - 3) - (2x - 1)$

(3) $(2x^2 - 3x - 2) - (x^2 + x + 3)$

(4) $(3x^2 - 2x + 1) - (2x^2 - 5x + 2)$

 풀이/정답

$-$를 전개한 후 동류항끼리 계산한다.

(1) $6x - 9$ (2) $3x - 2$

(3) $x^2 - 4x - 5$ (4) $x^2 + 3x - 1$

3. 다음을 계산하여라.

(1) $2(2x + 1) + (3x + 2)$

(2) $(3x + 1) + 2(-5x + 2)$

(3) $2(2x^2 + 3x - 1) - (x^2 + 2x + 1)$

(4) $3(2x^2 - 1) - (x^2 + 2x + 1)$

풀이/정답

앞의 계수를 분배 후 동류항끼리 계산한다.

(1) $7x + 4$ (2) $-7x + 5$

(3) $3x^2 + 4x - 3$ (4) $5x^2 - 2x - 4$

4. 두 다항식 $A = 5x + 1$, $B = -3x + 4$에 대하여 다음을 계산하여라.

(1) $A + B$ (2) $A - B$

(3) $A + 2B$ (4) $2A + 3B$

풀이/정답

(1) $A + B = (5x + 1) + (-3x + 4)$
             $= 2x + 5$

(2) $A - B = (5x + 1) - (-3x + 4)$
             $= 5x + 1 + 3x - 4$
             $= 8x - 3$

(3) $A + 2B = (5x + 1) + 2(-3x + 4)$
              $= 5x + 1 - 6x + 8$
              $= -x + 9$

(4) $2A + 3B = 2(5x + 1) + 3(-3x + 4)$
               $= 10x + 2 - 9x + 12$
               $= x + 14$

답 | (1) $2x + 5$ (2) $8x - 3$ (3) $-x + 9$ (4) $x + 14$

03 다항식의 곱셈

다항식의 곱셈

1) 지수법칙과 분배법칙을 이용하여 전개한다.

2) 차수를 비교하여 동류항끼리 묶어서 정리한다.

3) 곱셈공식

① $m(a + b) = ma + mb$

② $(a + b)^2 = a^2 + 2ab + b^2$, $(a - b)^2 = a^2 - 2ab + b^2$

③ $(a + b)(a - b) = a^2 - b^2 \Rightarrow$ **합차(켤레)의 곱**

④ $(x + a)(x + b) = x^2 + (a + b)x + ab$

⑤ $(ax + b)(cx + d) = acx^2 + (ad + bc)x + bd$

$$(a + b)(c + d)$$
$$= ac + ad + bc + bd$$
$$\quad ① \quad ② \quad ③ \quad ④$$

$$(a + b)(c + d + e)$$
$$= ac + ad + ae + bc + bd + be$$
$$\quad ① \quad ② \quad ③ \quad ④ \quad ⑤ \quad ⑥$$

[예] $3x(x + 2) = 3x^2 + 6x$

$$(x + 3)(x + 2) = x^2 + 2x + 3x + 6$$
$$= x^2 + 5x + 6$$

1. 다음 식을 전개하시오.

(1) $x(x+3)$

(2) $2x(4x+3)$

(3) $3x(x-2)$

(4) $-2x(x-2)$

 풀이/정답

(1) $x(x+3) = x^2 + 3x$

(2) $2x(4x+3) = 8x^2 + 6x$

(3) $3x(x-2) = 3x^2 - 6x$

(4) $-2x(x-2) = -2x^2 + 4x$

답 | (1) $x^2 + 3x$ (2) $8x^2 + 6x$ (3) $3x^2 - 6x$ (4) $-2x^2 + 4x$

2. 다음 식을 전개하시오.

(1) $(x+1)^2$

(2) $(x+3)^2$

(3) $(x-5)^2$

(4) $(x-2)^2$

 풀이/정답

$(a+b)^2 = a^2 + 2ab + b^2$, $(a-b)^2 = a^2 - 2ab + b^2$ 을 이용한다.

답 | (1) $x^2 + 2x + 1$ (2) $x^2 + 6x + 9$ (3) $x^2 - 10x + 25$ (4) $x^2 - 4x + 4$

3. 다음 식을 전개하시오.

(1) $(x - 1)(x + 1)$ (2) $(x + 3)(x - 3)$

(3) $(x - 2)(x + 2)$ (4) $(2x + 3)(2x - 3)$

 풀이/정답

$(a + b)(a - b) = a^2 - b^2 \Rightarrow$ **합차(켤레)의 곱을 이용한다.**

답 | (1) $x^2 - 1$ (2) $x^2 - 9$ (3) $x^2 - 4$ (4) $4x^2 - 9$

4. 다음 식을 전개하시오.

(1) $(x + 3)(x + 4)$ (2) $(x - 2)(x - 5)$

(3) $(x - 4)(x + 7)$ (4) $(x - 3)(x + 2)$

 풀이/정답

$(x + a)(x + b) = x^2 + (a + b)x + ab$를 이용한다. (4번 전개 후 정리한다.)

답 | (1) $x^2 + 7x + 12$ (2) $x^2 - 7x + 10$ (3) $x^2 + 3x - 28$ (4) $x^2 - x - 6$

5. 다음 식을 전개하시오.

(1) $(2x + 1)(3x + 2)$

(2) $(3x - 1)(x + 2)$

(3) $(2x - 4)(2x - 1)$

(4) $(4x - 3)(2x + 1)$

풀이/정답

$(ax + b)(cx + d) = acx^2 + (ad + bc)x + bd$ 를 이용한다. (4번 전개 후 정리한다.)

답ㅣ(1) $6x^2 + 7x + 2$ (2) $3x^2 + 5x - 2$
　　(3) $4x^2 - 10x + 4$ (4) $8x^2 - 2x - 3$

6. $(x + 2)(2x^2 - 3x + 1)$을 전개했을 때, 일차항의 계수를 구하시오.

풀이/정답

$(x + 2)(2x^2 - 3x + 1) = 2x^3 - 3x^2 + x + 4x^2 - 6x + 2$
$$= 2x^3 + x^2 - 5x + 2$$
따라서 일차항의 계수는 -5이다.

답ㅣ-5

곱셈 공식 변형

1) $a^2 + b^2 = (a + b)^2 - 2ab$

2) $\dfrac{1}{a} + \dfrac{1}{b} = \dfrac{a + b}{ab}$

3) $(a + 1)(b + 1) = ab + a + b + 1$

예 $a + b = 5$, $ab = 3$ 일 때, 다음 식의 값을 구하여라.

(1) $a^2 + b^2 = (a + b)^2 - 2ab = 5^2 - 2 \times 3 = 19$

(2) $\dfrac{1}{a} + \dfrac{1}{b} = \dfrac{a + b}{ab} = \dfrac{5}{3}$

(3) $(a + 1)(b + 1) = ab + a + b + 1 = 3 + 5 + 1 = 9$

● **기본문제**

1. $a + b = 4$, $ab = 2$일 때, 다음 식의 값을 구하여라.

(1) $a^2 + b^2$ (2) $\dfrac{1}{a} + \dfrac{1}{b}$

(3) $(a + 1)(b + 1)$

풀이/정답

(1) $a^2 + b^2 = (a + b)^2 - 2ab = 4^2 - (2 \times 2) = 12$

(2) $\dfrac{1}{a} + \dfrac{1}{b} = \dfrac{a + b}{ab} = \dfrac{4}{2} = 2$

(3) $(a + 1)(b + 1) = ab + a + b + 1 = 2 + 4 + 1 = 7$

답 | (1) 12   (2) 2   (3) 7

2. $a + b = -6$, $ab = 4$일 때, 다음 식의 값을 구하여라.

(1) $a^2 + b^2$　　　　　　　　　　　　　(2) $\dfrac{1}{a} + \dfrac{1}{b}$

(3) $(a + 1)(b + 1)$

 풀이/정답

(1) $a^2 + b^2 = (a + b)^2 - 2ab = (-6)^2 - (2 \times 4) = 28$

(2) $\dfrac{1}{a} + \dfrac{1}{b} = \dfrac{a + b}{ab} = \dfrac{-6}{4} = -\dfrac{3}{2}$

(3) $(a + 1)(b + 1) = ab + a + b + 1 = 4 - 6 + 1 = -1$

답 | (1) 28　　　(2) $-\dfrac{3}{2}$　　　(3) -1

3. $x + y = 5$, $xy = -3$일 때, $x^2 + y^2$의 값을 구하여라.

 풀이/정답

$x^2 + y^2 = (x + y)^2 - 2xy = 5^2 - 2 \times (-3) = 31$

답 | 31

04 다항식의 나눗셈

직접 나눗셈을 하여 몫과 나머지를 구한다.

예 다항식 $x^2 + 3x + 4$를 $x + 1$로 나누었을 때의 몫과 나머지를 구하여라.

$$
\begin{array}{r}
x + 2 \\
x + 1 \overline{\smash{)}\, x^2 + 3x + 4} \\
\underline{x^2 + x} \\
2x + 4 \\
\underline{2x + 2} \\
2
\end{array}
$$

몫 : $x + 2$,   나머지 : 2

● **기본문제**

1. 다항식 $3x^2 + 4x + 2$를 $x + 1$로 나누었을 때의 몫과 나머지를 구하여라.

 풀이/정답

$$
\begin{array}{r}
3x + 1 \\
x + 1 \overline{\smash{)}\, 3x^2 + 4x + 2} \\
\underline{3x^2 + 3x} \\
x + 2 \\
\underline{x + 1} \\
1
\end{array}
$$

$\leftarrow$ 몫

$\leftarrow (x + 1) \times 3x$

$\leftarrow (x + 1) \times (1)$

$\leftarrow$ 나머지

답 | 몫 : $3x + 1$, 나머지 : 1

2. 다항식 $2x^3 + 5x^2 + 3x + 3$을 $x + 2$로 나누었을 때의 몫과 나머지를 구하여라.

$$
\begin{array}{r}
2x^2 + x + 1 \\
x + 2 \overline{\smash{)}\, 2x^3 + 5x^2 + 3x + 3} \\
\underline{2x^3 + 4x^2} \\
x^2 + 3x + 3 \\
\underline{x^2 + 2x} \\
x + 3 \\
\underline{x + 2} \\
1
\end{array}
$$

← 몫

← $(x + 2) \times 2x^2$

← $(x + 2) \times (x)$

← $(x + 2) \times (1)$

← 나머지

답 | 몫 : $2x^2 + x + 1$, 나머지 : 1

조립제법을 이용한 나눗셈(일차식으로 나눌 때 주로 사용)

다항식 $2x^3 - 3x + 4$를 $x + 2$로 나누었을 때의 몫과 나머지를 구하여라.

$$(2x^3 - 3x + 4) \div (x + 2) \quad \textbf{계산}$$

나누는 식 = 0 되는 값 ⇒ -2

$$
\begin{array}{c|rrrr}
-2 & 2 & 0 & -3 & +4 \\
   &   & -4 & 8 & -10 \\
\hline
그대로 & 2 & -4 & 5 & \underline{-6}
\end{array}
$$

⇐ 나누어지는 식의 계수만

몫 $2x^2 - 4x + 5$ 나머지 -6

다항식의 나눗셈을 계수로
만 계산하는 방법을 조립제법
이라 한다.
조립제법의 결과 역시 계수
로만 표현되어 있으므로 다항
식으로 바꾸어 몫과 나머지를
나타낸다.

예 다항식 $x^2 + 3x + 4$를 $x + 1$로 나누었을 때의 몫과 나머지를 구하여라.

$$
\begin{array}{c|rrr}
-1 & 1 & 3 & 4 \\
   &   & -1 & -2 \\
\hline
   & 1 & 2 & \underline{2}
\end{array}
$$

몫 : $x + 2$,   나머지 : 2

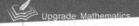
● 기본문제

1. 다항식 $x^3 + 3x^2 - 2x + 1$을 $x - 1$로 나누었을 때의 몫과 나머지를 조립제법을 이용하여 구하여라.

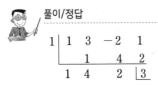 풀이/정답

$$
\begin{array}{r|rrrr}
1 & 1 & 3 & -2 & 1 \\
  &   & 1 & 4 & 2 \\
\hline
  & 1 & 4 & 2 & \underline{3} \\
\end{array}
$$

답 | 몫 : $x^2 + 4x + 2$, 나머지 : 3

2. 조립제법을 이용하여 다음 나눗셈의 몫과 나머지를 구하여라.

$(x^3 + 3x^2 - 7) \div (x + 1)$

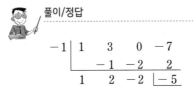 풀이/정답

$$
\begin{array}{r|rrrr}
-1 & 1 & 3 & 0 & -7 \\
   &   & -1 & -2 & 2 \\
\hline
   & 1 & 2 & -2 & \underline{-5} \\
\end{array}
$$

답 | 몫 : $x^2 + 2x - 2$, 나머지 : -5

01 두 다항식 $A = x^2 + 4x$, $B = 2x^2 + 5x$에 대하여 $A + B$는?

① $3x^2 + x$ ② $2x^2 + x$

③ $x^2 - 1$ ④ $3x^2 + 9x$

02 두 다항식 $A = 5x^2 + 6$, $B = 2x^2 + 2$에 대하여 $A - B$는?

① $2x^2 + 4$ ② $5x^2 + 7$

③ $3x^2 + 4$ ④ $3x^2 + 8$

03 $A = 2x + 4$, $B = 3x + 1$에 대하여 $A + 2B$는?

① $5x + 5$ ② $7x + 9$

③ $8x + 6$ ④ $3x + 9$

04 $A = 3x - 2$, $B = x + 3$에 대하여 $2A + B$는?

① $4x + 1$ ② $7x + 9$

③ $8x + 6$ ④ $7x - 1$

05 $(2x + 1)(4x + 2)$를 계산하면?

① $6x^2 + 8x + 2$ ② $8x^2 + 8x + 2$

③ $8x^2 - 4x + 8$ ④ $6x^2 + 3$

06 $(2x + 3)(x^2 + 2x + 3)$을 간단히 했을 때, x^2의 계수는?

① 2　　　　　　　　　　　② 7

③ 9　　　　　　　　　　　④ 12

07 $(x - 3)^2$을 전개하면?

① $x^2 - 6x + 9$　　　　　　② $x^2 + 9$

③ $x^2 + 6x + 9$　　　　　　④ $x^2 - 9$

08 $(x - 3)(x + 3)$을 전개하면?

① x^2　　　　　　　　　　② $x^2 - 9$

③ $x^2 + 6x + 9$　　　　　　④ $x^2 + 9$

09 연립방정식 $\begin{cases} x + y = 4 \\ xy = 5 \end{cases}$ 를 만족하는 실수 x, y에 대하여 $x^2 + y^2$의 값은?

① 5　　　　　　　　　　　② 6

③ 7　　　　　　　　　　　④ 8

10 그림은 조립제법을 이용하여 $3x^2 - 2x + 5$를 $x - 2$로 나눈 몫과 나머지를 구하는 과정이다. 이 때, 몫과 나머지는?

$$
\begin{array}{r|rrr}
2 & 3 & -2 & 5 \\
& & 6 & 8 \\
\hline
& 3 & 4 & \underline{13}
\end{array}
$$

① 몫 : $2x + 3$, 나머지 : 2

② 몫 : $3x + 4$, 나머지 : 13

③ 몫 : $x + 2$, 나머지 : 13

④ 몫 : $3x + 13$, 나머지 : 2

정답 : 1. ④　2. ③　3. ③　4. ④　5. ②　6. ②　7. ①　8. ②　9. ②　10. ②

02 항등식과 나머지정리

01 항등식

항등식 : 미지수의 값에 상관없이 항상 성립하는 등식

등식의 좌변과 우변에 있는 식과 수가 항상 똑같은 식

항등식의 성질

다음 등식이 x에 대한 항등식일 때,

1) $\begin{cases} ax + b = 0 \Leftrightarrow a = 0,\ b = 0 \\ ax + b = a'x + b' \Leftrightarrow a = a',\ b = b' \end{cases}$

2) $\begin{cases} ax^2 + bx + c = 0 \Leftrightarrow a = 0,\ b = 0,\ c = 0 \\ ax^2 + bx + c = a'x^2 + b'x + c' \Leftrightarrow a = a',\ b = b',\ c = c' \end{cases}$

● **기본문제**

1. 다음 중 x에 대한 항등식은?

① $x - 2 = x + 2$ ② $x = 3$

③ $x^2 - 1 = (x - 1)(x + 1)$ ④ $x^2 - 1 = x - 1$

풀이/정답

항등식은 좌우의 식이 항상 같아야 한다.

답 | ③

2. 다음 중 x에 대한 항등식이 <u>아닌</u> 것은?

① $(x+1)^2 = x^2 + 2x + 1$ ② $x(x+1) = x^2 + x$

③ $x^2 - 4 = (x+2)(x-2)$ ④ $2x + 6 = x + 3$

 풀이/정답

항등식은 좌우의 식이 항상 같아야 한다.

답 ┃ ④

미정계수법

1) 계수비교법 : 항등식의 성질을 이용하여 좌변과 우변을 비교

2) 수치대입법 : 항등식의 정의를 이용하여 적당한 수를 양변에 대입

예 다음 등식이 x에 대한 항등식이 되도록 하는 상수 a, b의 값을 구하여라.

$$x^2 + 5x - 3 = x^2 + ax + b$$

계수비교법	수치대입법
양변의 동류항의 계수가 같다.	x에 어떤 값을 대입하여도 항상 성립한다.
주어진 식 $\quad x^2 + 5x - 3 = x^2 + ax + b$ x의 계수를 비교하면 $5 = a$ ⋯ ㉠ 상수항을 비교하면 $-3 = b$ ⋯ ㉡ 따라서 $a = 5$, $b = -3$이다.	양변에 $x = 0$을 대입하면 $\quad b = -3$ ⋯⋯ ㉠ 양변에 $x = 1$을 대입하면 $\quad 1 + 5 - 3 = 1 + a + b$ ⋯⋯ ㉡ ㉠, ㉡을 연립하여 풀면 $a = 5$, $b = -3$이다.

1. 다음 등식이 x에 대한 항등식일 때, 상수 a, b의 값을 구하시오.

(1) $2x^2 + 3x - 1 = 2x^2 + ax + b$

(2) $3x^2 + (a + 1)x + 2b = 3x^2 + 6x + 6$

(3) $(a + 2)x + (b - 4) = 0$

풀이/정답

(1) 계수비교법을 이용하여 좌우를 비교하면 $a = 3$, $b = -1$

(2) 계수비교법을 이용하여 좌우를 비교하면 $a + 1 = 6$, $2b = 6$
따라서 $a = 5$, $b = 3$

(3) 계수비교법을 이용하여 좌우를 비교하면 $a = -2$, $b = 4$

답 | (1) $a = 3$, $b = -1$ (2) $a = 5$, $b = 3$ (3) $a = -2$, $b = 4$

2. 다음 등식이 x에 대한 항등식일 때, 상수 R의 값을 구하시오.

(1) $x^2 + 4x + 5 = (x - 2)Q(x) + R$

(2) $2x^2 + 3x - 1 = (x - 1)Q(x) + R$

(3) $x^2 + 2x + 4 = (x + 1)Q(x) + R$

풀이/정답

(1) 수치대입법을 이용하여 $x = 2$를 대입하면 $2^2 + (4 \times 2) + 5 = R$
즉, $R = 17$

(2) 수치대입법을 이용하여 $x = 1$을 대입하면 $2 \times 1^2 + (3 \times 1) - 1 = R$
즉, $R = 4$

(3) 수치대입법을 이용하여 $x = -1$을 대입하면 $(-1)^2 + 2 \times (-1) + 4 = R$
즉, $R = 3$

답 | (1) $R = 17$ (2) $R = 4$ (3) $R = 3$

3. $x^2 + 3x + 4 = (x-1)^2 + 5(x-1) + a$가 x에 대한 항등식일 때, 상수 a의 값을 구하시오.

 풀이/정답

수치대입법을 이용하여 $x = 1$을 대입하면 $1^2 + (3 \times 1) + 4 = a$

답 | 8

4. $(x + 3)^2 = x^2 + ax + b$가 x에 대한 항등식일 때, 상수 $a + b$의 값을 구하시오.

 풀이/정답

풀이1> 수치대입법을 이용하여 $x = 1$을 대입하면 $(1 + 3)^2 = 1^2 + a + b$이다.
따라서 $a + b = 15$

풀이2> 계수비교법을 이용하여도 된다. 좌변을 전개하면
$(x + 3)^2 = x^2 + 6x + 9$이므로 $a = 6, b = 9$이다. 따라서 $a + b = 15$

답 | 15

나머지정리 : 일차식으로 나눌 때 사용되며 나누는 식이 0이 되도록 대입한다.

1) 다항식 $f(x)$를 $x - a$로 나눈 나머지는 $f(a)$이다.

   $\Leftrightarrow \ f(x) = (x - a)Q(x) + R$

인수정리 : $x - a$로 나눈 나머지가 0 이다.

2) 다항식 $f(x)$는 "$x - a$로 나누어떨어진다."

   또는 "$x - a$를 인수로 갖는다." 라고 표현함

예 다항식 $4x^2 - 3x + 1$을 $x - 2$로 나누었을 때의 나머지를 구하여라.

〈풀이〉: 주어진 식에 $x = 2$를 대입하면 $4 \times (2)^2 - 3 \times (2) + 1 = 11$

● 기본문제

1. 다항식 $f(x) = x^2 + 3x + 5$를 다음 일차식으로 나누었을 때의 나머지를 구하여라.

(1) $x - 1$

(2) $x - 2$

(3) $x + 1$

풀이/정답

(1) $x = 1$을 대입하면 $f(1) = 1^2 + (3 \times 1) + 5 = 9$

(2) $x = 2$를 대입하면 $f(2) = 2^2 + (3 \times 2) + 5 = 15$

(3) $x = -1$을 대입하면 $f(-1) = (-1)^2 + 3 \times (-1) + 5 = 3$

답 | (1) $f(1) = 9$　(2) $f(2) = 15$　(3) $f(-1) = 3$

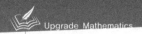
2. 다항식 $x^2 + 3x + k$를 $x - 2$로 나눈 나머지가 7일 때, k의 값을 구하면?

풀이/정답

$x = 2$를 대입하면 $2^2 + (3 \times 2) + k = 7$이다. 즉, $k = -3$

답 | -3

3. 다항식 $2x^2 + 4x + k$가 $x - 1$로 나누어떨어질 때, k의 값을 구하면?

풀이/정답

$x = 1$을 대입하면 $(2 \times 1^2) + (4 \times 1) + k = 0$이다. 즉, $k = -6$

답 | -6

4. 다항식 $x^3 + 2x^2 + 5x + k$가 $x - 1$을 인수로 가질 때, k의 값을 구하면?

풀이/정답

$x = 1$을 대입하면 $1^3 + (2 \times 1^2) + (5 \times 1) + k = 0$이다. 즉, $k = -8$

답 | -8

11 다음 중 x에 대한 항등식은?

① $y = 2x$　　　　　　　② $x(x-1) = 0$

③ $2x + 4 = 2(x + 2)$　　　④ $x^2 - 4 = 0$

12 등식 $3x^2 + 4x + 1 = ax^2 + bx + c$가 x에 대한 항등식일 때,
상수 $a + b + c$의 값을 구하면?

① 5　　　　　　　　　② 6

③ 7　　　　　　　　　④ 8

13 등식 $(2x + 3)(x + 1) = ax^2 + bx + c$가 x에 대한 항등식일 때,
상수 $a+b+c$의 값을 구하면?

① 25　　　　　　　　② 26

③ 10　　　　　　　　④ 9

14 등식 $x^2 + 4x + 2 = (x-1)Q(x) + R$이 x에 대한 항등식일 때,
상수 R의 값을 구하면?

① 5　　　　　　　　　② 6

③ 7　　　　　　　　　④ 8

15 등식 $(x-3)^2 = (x-1)^2 - 4(x-1) + a$가 x에 대한 항등식일 때,
상수 a의 값을 구하면?

① 4　　　　　　　　　② 6

③ 8　　　　　　　　　④ 10

16 다항식 $x^2 + 4x - 1$을 $x - 2$로 나누었을 때, 나머지는?

① 13   ② 12

③ 11   ④ 10

17 다항식 $x^3 + 3x^2 - 4x + 1$을 $x + 1$로 나눈 나머지는?

① 5   ② 6

③ 7   ④ 8

18 다항식 $x^2 + 3x + k$를 $x - 2$로 나눈 나머지가 9일 때, k의 값은?

① -1 ② -2

③ 1   ④ 2

19 다항식 $x^2 + 2x + k$가 $x - 2$로 나누어떨어질 때, k의 값은?

① 8   ② -8

③ 0   ④ 4

20 다음 다항식 중 $x - 1$로 나누어떨어지는 식은?

① $x^2 + 1$ ② $x^2 + 2x - 3$

③ $2x^2 - 1$ ④ $x^2 + 2x + 1$

정답 : 11. ③   12. ④   13. ③   14. ③   15. ①   16. ③   17. ③   18. ①   19. ②   20. ②

03 인수분해

01 인수분해의 뜻

인수분해 : 하나의 다항식을 2개 이상의 다항식의 곱의 꼴로 나타내는 것을 인수분해 라고 한다.

$$x^2 + 3x + 2 \xleftarrow[\text{전개}]{\text{인수분해}} (x + 1)(x + 2)$$

02 인수분해 공식

인수분해공식

1) $ma + mb = m(a + b)$

2) $a^2 + 2ab + b^2 = (a + b)^2$, $a^2 - 2ab + b^2 = (a - b)^2$

3) $a^2 - b^2 = (a + b)(a - b) \Rightarrow$ **합차(켤레)의 곱**

4) $x^2 + (a + b)x + ab = (x + a)(x + b)$

5) $acx^2 + (ad + bc)x + bd = (ax + b)(cx + d)$

예 다음을 인수분해 하시오.

(1) $x^2 - 6x$ (공통인수)   (2) $x^2 + 10x + 25$ (완전제곱식)

(3) $x^2 - 9$ (합, 차 공식)   (4) $x^2 + 7x + 12$ (합, 곱)

(5) $2x^2 + 5x + 3$ (대각선)

〈풀이〉

(1) $x(x - 6)$ (2) $(x + 5)^2$ (3) $(x - 3)(x + 3)$ (4) $(x + 3)(x + 4)$

(5) $(2x + 3)(x + 1)$

1. 다음을 인수분해 하시오.

(1) $x^2 + 3x$

(2) $x^2 - 5x$

(3) $x^2 - 4x$

(4) $x^2 + x$

풀이/정답

답 | (1) $x(x + 3)$ (2) $x(x - 5)$ (3) $x(x - 4)$ (4) $x(x + 1)$

2. 다음을 인수분해 하시오.

(1) $x^2 + 6x + 9$

(2) $x^2 - 10x + 25$

(3) $x^2 + 4x + 4$

(4) $x^2 - 2x + 1$

풀이/정답

답 | (1) $(x + 3)^2$ (2) $(x - 5)^2$ (3) $(x + 2)^2$ (4) $(x - 1)^2$

3. 다음을 인수분해 하시오.

(1) $x^2 - 9$

(2) $x^2 - 25$

(3) $x^2 - 4$

(4) $x^2 - 1$

풀이/정답

답 | (1) $(x - 3)(x + 3)$ (2) $(x + 5)(x - 5)$
(3) $(x - 2)(x + 2)$ (4) $(x + 1)(x - 1)$

4. 다음을 인수분해 하시오.

(1) $x^2 + 8x + 12$

(2) $x^2 - 7x + 10$

(3) $x^2 - 2x - 15$

(4) $x^2 + 3x - 4$

 풀이/정답

답 | (1) $(x + 2)(x + 6)$　　(2) $(x - 2)(x - 5)$
　　(3) $(x - 5)(x + 3)$　　(4) $(x + 4)(x - 1)$

5. 다음을 인수분해 하시오.

(1) $2x^2 + 5x + 2$

(2) $3x^2 - 7x + 2$

(3) $4x^2 + 8x + 3$

(4) $2x^2 + x - 3$

 풀이/정답

답 | (1) $(2x + 1)(x + 2)$　　(2) $(3x - 1)(x - 2)$
　　(3) $(2x + 3)(2x + 1)$　　(4) $(2x + 3)(x - 1)$

6. 넓이가 $x^2 + 5x + 6$, 가로의 길이가 $x + 3$인 직사각형의 세로의 길이를 x를 이용하여 나타내어라.

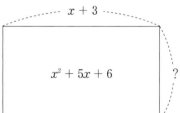

 풀이/정답

사각형의 넓이는 가로 × 세로 이므로 넓이 $x^2 + 5x + 6 = (x + 3)(x + 2)$가 되기 위해서는 세로의 길이가 $x + 2$이어야 한다.

답 | $x + 2$

Exercises

21 다음 중 $x^2 + 3x$의 인수분해로 옳은 것은?

① $x(x + 3)$ ② $(x - 3)(x + 3)$

③ $x(x + 2)$ ④ $(x + 1)(x + 3)$

22 다음 중 $x^2 + x$의 인수분해로 옳은 것은?

① $x(x - 1)$ ② $(x - 1)(x + 1)$

③ $(x + 1)(x + 2)$ ④ $x(x + 1)$

23 다음 중 $x^2 - 1$의 인수분해로 옳은 것은?

① $(x - 1)(x + 1)$ ② $(x - 2)(x + 2)$

③ $(x + 1)(x + 1)$ ④ $(x - 1)(x - 1)$

24 다음 중 $x^2 - 9$의 인수분해로 옳은 것은?

① $(x - 3)(x + 3)$ ② $(x - 1)(x + 9)$

③ $(x + 3)(x + 1)$ ④ $(x - 3)(x - 3)$

25 다항식 $x^2 + 9x + 18$을 인수분해 하면?

① $(x + 2)(x + 9)$ ② $(x + 3)(x + 6)$

③ $(x + 1)(x + 18)$ ④ $(x - 3)(x + 6)$

26 다항식 $x^2 - 10x + 24$를 인수분해 하면?

① $(x-4)(x-6)$　　　　② $(x-3)(x-8)$

③ $(x+2)(x+10)$　　　④ $(x-2)(x-12)$

27 다항식 $x^2 + 5x - 14$를 인수분해 하면?

① $(x-9)(x-5)$　　　　② $(x+2)(x+7)$

③ $(x-7)(x+2)$　　　　④ $(x-2)(x+7)$

28 다항식 $x^2 - 5x - 6$을 인수분해 하면?

① $(x-6)(x+1)$　　　　② $(x-2)(x+3)$

③ $(x-6)(x-1)$　　　　④ $(x+6)(x-1)$

29 다항식 $x^2 - 6x + 9$를 인수분해 하면?

① $(x-6)(x+3)$　　　　② $(x-3)^2$

③ $(x-3)(x+3)$　　　　④ $(x+9)(x-1)$

30 다항식 $6x^2 + 5x + 1$을 인수분해 하면?

① $(3x+1)(2x+1)$　　　② $(6x-1)(x-1)$

③ $(6x+1)(5x+1)$　　　④ $(x+3)(x+2)$

정답 : 21. ①　22. ④　23. ①　24. ①　25. ②　26. ①　27. ④　28. ①　29. ②　30. ①

II.

방정식과 부등식

UPGRADE · MATHEMATICS

01 복소수

01 복소수의 정의

허수단위와 복소수

(1) 허수단위 : 제곱하여 -1이 되는 수를 i로 나타내고,
이것을 허수단위 라고 한다. 즉, $i^2 = -1$
이다.

실수부분　허수부분

(2) 복소수 : 실수 a, b에 대하여 $a + bi$꼴로 나타내어지는 수를 복소수라 하고, a를
실수부분, b를 허수부분이라고 한다.

(3) 복소수의 분류

$$\text{복소수}(a + bi) \begin{cases} \text{실수}(b = 0) \\ \text{허수}(b \neq 0) \end{cases} \begin{cases} \text{순허수}(a = 0,\ b \neq 0) \\ \text{순허수가 아닌 허수}(a \neq 0,\ b \neq 0) \end{cases}$$

● 기본문제

1. 다음 중 허수를 찾으시오.

$$2i, \quad \sqrt{3}, \quad -\frac{3}{4}, \quad \sqrt{-1}, \quad 0$$

풀이/정답

허수 : i가 있는 수, 또는 $\sqrt{}$ 안에 음수가 있는 수

답 | $2i, \sqrt{-1}$

2. $4 + \sqrt{-3}$ 을 $a + bi$꼴로 나타내면? (단, a, b는 실수이고, $\sqrt{-1} = i$)

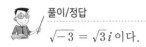 **풀이/정답**

$\sqrt{-3} = \sqrt{3}\,i$ 이다.

답 | $4 + \sqrt{3}\,i$

3. $\sqrt{-4} + \sqrt{-25}$ 를 계산하면?

풀이/정답

$\sqrt{-4} = 2i$, $\sqrt{-25} = 5i$ 따라서 $2i + 5i = 7i$

답 | $7i$

4. 다음 복소수의 실수부분과 허수부분을 말하여라.

(1) $2 + 3i$ (2) $\sqrt{3}$

(3) $2i$ (4) $3 - 4i$

답 | (1) 실수부분 : 2, 허수부분 : 3   (2) 실수부분 : $\sqrt{3}$, 허수부분 : 0

(3) 실수부분 : 0, 허수부분 : 2   (4) 실수부분 : 3, 허수부분 : -4

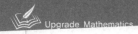

5. i^4의 값은? (단, $i = \sqrt{-1}$)

 풀이/정답

$i^4 = (i^2)^2 = (-1)^2 = 1$이다.

답 | 1

두 복소수가 서로 같을 조건

a, b, c, d가 실수일 때

(1) $a + bi = 0 \Leftrightarrow a = 0, b = 0$

(2) $a + bi = c + di \Leftrightarrow a = c, b = d \Rightarrow$ 실수부분끼리 같고, 허수부분끼리 같다.

● **기본문제**

1. 다음 등식을 만족하는 실수 a, b의 값을 구하여라.

(1) $(a + 1) + (b - 2)i = 3 + 4i$

(2) $2a + (b + 2)i = 6 + 3i$

 풀이/정답

(1) 실수끼리 같고 허수끼리 같아야 하므로 $a + 1 = 3$, $b - 2 = 4$이다.

　　즉, $a = 2$, $b = 6$

(2) 실수끼리 같고 허수끼리 같아야 하므로 $2a = 6$, $b + 2 = 3$이다.

　　즉, $a = 3$, $b = 1$

답 | (1) $a = 2$, $b = 6$　　(2) $a = 3$, $b = 1$

2. 다음 등식을 만족하는 실수 a, b의 값을 구하여라.

(1) $(a + 1) + (b - 2)i = 0$

(2) $(a - 2) + (b + 3)i = 0$

 풀이/정답

(1) 실수부분이 0, 허수부분이 0 이므로 $a + 1 = 0$, $b - 2 = 0$이다.
   즉, $a = -1$, $b = 2$
(2) 실수부분이 0, 허수부분이 0 이므로 $a - 2 = 0$, $b + 3 = 0$이다.
   즉, $a = 2$, $b = -3$

답 | (1) $a = -1$, $b = 2$, (2) $a = 2$, $b = -3$

켤레복소수

복소수 $a + bi$에 대하여 허수부분의 부호를 바꾼 복소수 $a - bi$를 $a + bi$의 켤레복소수라 하고, 기호로 $\overline{a + bi}$ 와 같이 나타낸다.

● **기본문제**

1. 다음 복소수의 켤레복소수를 구하여라.

(1) $2 + 3i$ (2) $-3 - 4i$

(3) $5i$ (4) 7

 풀이/정답

허수부분의 부호만 반대로 해준다.

답 | (1) $2 - 3i$ (2) $-3 + 4i$ (3) $-5i$ (4) 7

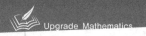

2. 복소수 $z = 5 + 3i$의 켤레복소수를 $\overline{z}$ 라 할 때, $z + \overline{z}$ 의 값을 구하시오.

 풀이/정답

$z = 5 + 3i$의 켤레복소수 $\overline{z} = 5 - 3i$ 이다.

따라서 $z + \overline{z} = (5 + 3i) + (5 - 3i) = 10$

답 | 10

02 복소수의 사칙연산

복소수의 덧셈, 뺄셈

1) 덧셈 (실수는 실수끼리, 허수는 허수끼리 더한다.)

$(a + bi) + (c + di) = (a + c) + (b + d)i$

예 $(4 + 2i) + (1 + 3i) = 5 + 5i$

2) 뺄셈 (괄호를 푼 후 실수는 실수끼리, 허수는 허수끼리 계산한다.)

$(a + bi) - (c + di) = (a - c) + (b - d)i$

예 $(4 + 2i) - (1 + 3i) = 3 - i$

● **기본문제**

1. 다음을 계산하여라.

(1) $(3 + 4i) + (2 + 5i)$ (2) $(2 - 2i) + (4 - 3i)$

(3) $(1 + 2i) + (2 - 5i)$ (4) $(5 - 2i) + (-1 + 3i)$

 풀이/정답

실수는 실수끼리, 허수는 허수끼리 계산해준다.

답 | (1) $5 + 9i$ (2) $6 - 5i$ (3) $3 - 3i$ (4) $4 + i$

2. 다음을 계산하여라.

(1) $(6 + 5i) - (1 + 4i)$

(2) $(3 - 7i) - (2 - 4i)$

(3) $(1 + 4i) - (3 - i)$

(4) $(4 - 2i) - (-2 + 3i)$

풀이/정답

뒤 복소수의 부호를 바꾼 후, 실수는 실수끼리, 허수는 허수끼리 계산해준다.

답 | (1) $5 + i$　(2) $1 - 3i$　(3) $-2 + 5i$　(4) $6 - 5i$

복소수의 곱셈, 나눗셈

1) 곱셈 (전개한다.)

예　$\cdot a(b + ci) = ab + aci$

$ai(b + ci) = abi + aci^2 = -ac + abi$

$\cdot (a + bi)(c + di)$

$= ac + adi + bci + bdi^2 = (ac - bd) + (ad + bc)i$

2) 나눗셈 : 분모의 실수화 $\Rightarrow$ 분모의 i를 없애는 과정

1) $\dfrac{1}{ai} = \dfrac{1 \times i}{ai \times i} = \dfrac{i}{ai^2} = \dfrac{i}{-a} = -\dfrac{1}{a}i$

2) $\dfrac{1}{a + bi} = \dfrac{1 \times (a - bi)}{(a + bi) \times (a - bi)}$

$= \dfrac{a - bi}{a^2 - b^2 i^2} = \dfrac{a - bi}{a^2 + b^2} = \dfrac{a}{a^2 + b^2} - \dfrac{b}{a^2 + b^2}i$

● 기본문제

1. 다음을 계산하여라.

(1) $2i(3 + 4i)$

(2) $3i(1 + 2i)$

(3) $i(1 - i)$

(4) $4i(2 - 3i)$

 풀이/정답

(1) $2i(3 + 4i) = 6i + 8i^2$
$= -8 + 6i (\because i^2 = -1)$

(2) $3i(1 + 2i) = 3i + 6i^2$
$= -6 + 3i$

(3) $i(1 - i) = i - i^2$
$= 1 + i$

(4) $4i(2 - 3i) = 8i - 12i^2$
$= 12 + 8i$

답 ∣ (1) $-8 + 6i$ (2) $-6 + 3i$ (3) $1 + i$ (4) $12 + 8i$

2. 다음을 계산하여라.

(1) $(1 + 2i)(3 + i)$

(2) $(3 - 2i)(1 - 4i)$

(3) $(2 - 3i)(1 + 2i)$

(4) $(3 + 2i)(5 - i)$

 풀이/정답

(1) $(1 + 2i)(3 + i) = 3 + i + 6i + 2i^2$
$= 3 + (-2) + i + 6i \ (\because i^2 = -1)$
$= 1 + 7i$

(2) $(3 - 2i)(1 - 4i) = 3 - 12i - 2i + 8i^2$
$= 3 + (-8) - 12i - 2i \ (\because i^2 = -1)$
$= -5 - 14i$

(3) $(2 - 3i)(1 + 2i) = 2 + 4i - 3i - 6i^2$
$= 2 + 6 + 4i - 3i \ (\because i^2 = -1)$
$= 8 + i$

(4) $(3 + 2i)(5 - i) = 15 - 3i + 10i - 2i^2$
$= 15 + 2 - 3i + 10i \ (\because i^2 = -1)$
$= 17 + 7i$

답 ∣ (1) $1 + 7i$ (2) $-5 - 14i$ (3) $8 + i$ (4) $17 + 7i$

3. 다음을 계산하여라.

(1) $(1 + i)(1 - i)$

(2) $(3 + 2i)(3 - 2i)$

(3) $(1 + i)^2$

(4) $(2 + 3i)^2$

 풀이/정답

(1) $(1 + i)(1 - i) = 1 - i^2$
$= 1 + 1$
$= 2$

(2) $(3 + 2i)(3 - 2i) = 9 - 4i^2$
$= 9 + 4$
$= 13$

(3) $(1 + i)(1 + i) = 1 + i + i + i^2$
$= 1 + (-1) + i + i$
$= 2i$

(4) $(2 + 3i)(2 + 3i) = 4 + 6i + 6i + 9i^2$
$= 4 + (-9) + 6i + 6i$
$= -5 + 12i$

답 | (1) 2　　(2) 13　　(3) $2i$　　(4) $-5 + 12i$

4. 다음 복소수의 분모를 실수화 하시오.

(1) $\dfrac{1}{i}$

(2) $\dfrac{3}{i}$

(3) $\dfrac{5}{2i}$

(4) $\dfrac{-2}{i}$

 풀이/정답

(1) $\dfrac{1 \times (i)}{i \times (i)} = \dfrac{i}{i^2} = \dfrac{i}{-1} = -i$

(2) $\dfrac{3 \times (i)}{i \times (i)} = \dfrac{3i}{i^2} = \dfrac{3i}{-1} = -3i$

(3) $\dfrac{5 \times (i)}{2i \times (i)} = \dfrac{5i}{2i^2} = \dfrac{5i}{-2} = -\dfrac{5}{2}i$

(4) $\dfrac{-2 \times (i)}{i \times (i)} = \dfrac{-2i}{i^2} = \dfrac{-2i}{-1} = 2i$

답 | (1) $-i$　　(2) $-3i$　　(3) $-\dfrac{5}{2}i$　　(4) $2i$

5. 다음을 $a + bi$꼴로 나타내어라. (단, a, b는 실수이다.)

(1) $\dfrac{1}{1+i}$

(2) $\dfrac{1}{2+i}$

(3) $\dfrac{1-i}{1+i}$

(4) $\dfrac{1+i}{1-i}$

 풀이/정답

(1) $\dfrac{1 \times (1-i)}{(1+i) \times (1-i)} = \dfrac{1-i}{1-i^2}$

$= \dfrac{1-i}{2}$

$= \dfrac{1}{2} - \dfrac{1}{2}i$

(2) $\dfrac{1 \times (2-i)}{(2+i) \times (2-i)} = \dfrac{2-i}{4-i^2}$

$= \dfrac{2-i}{5}$

$= \dfrac{2}{5} - \dfrac{1}{5}i$

(3) $\dfrac{(1-i) \times (1-i)}{(1+i) \times (1-i)} = \dfrac{1-i-i+i^2}{1-i^2}$

$= \dfrac{-2i}{2} = -i$

(4) $\dfrac{(1+i) \times (1+i)}{(1-i) \times (1+i)} = \dfrac{1+i+i+i^2}{1-i^2}$

$= \dfrac{2i}{2} = i$

답 | (1) $\dfrac{1}{2} - \dfrac{1}{2}i$　(2) $\dfrac{2}{5} - \dfrac{1}{5}i$　(3) $-i$　(4) i

Exercises

01 다음 중 실수인 것은? (단, $i = \sqrt{-1}$)

① $\sqrt{5}$　　　　　　　　　　　② $-i$

③ $\sqrt{-4}$　　　　　　　　　　④ $2 + i$

02 실수 a, b에 대하여 $a + 4i = 5 + bi$가 성립할 때, a, b의 값은?
(단, $i = \sqrt{-1}$)

① $a = 5$, $b = 4$　　　　　　　② $a = 4$, $b = -5$

③ $a = 4$, $b = 5$　　　　　　　④ $a = -5$, $b = 4$

03 실수 a, b에 대하여 $(a - 1) + (b - 4)i = 0$이 성립할 때, $a + b$의 값은?
(단, $i = \sqrt{-1}$)

① 6　　　　　　　　　　　　② 1

③ 4　　　　　　　　　　　　④ 5

04 복소수 $2 - 3i$의 켤레복소수는? (단, $i = \sqrt{-1}$)

① $3 - 2i$　　　　　　　　　　② $2 + 3i$

③ $-2 + 3i$　　　　　　　　　④ $-2 - 3i$

05 두 복소수 $x = 2 + 5i$, $y = 7 - 2i$에 대하여 $x + y$의 값은? (단, $i = \sqrt{-1}$)

① $-2 + 3i$　　　　　　　　　② $9 - 3i$

③ $9 + 3i$　　　　　　　　　　④ $9 + 7i$

06 $(6 - 4i) - (2 + 3i) = a + bi$를 만족하는 두 실수 a, b에 대하여 $a + b$의 값은? (단, $i = \sqrt{-1}$)

① -3 ② -1

③ 11 ④ 3

07 두 복소수 $x = 3 + 4i$, $y = 1 - 2i$에 대하여 $2x + y$의 값을 구하면? (단, $i = \sqrt{-1}$)

① $3 + 2i$ ② 5

③ $4 + 2i$ ④ $7 + 6i$

08 $3i(2 + 3i) = a + bi$가 성립할 때, $a + b$의 값은? (단, $i = \sqrt{-1}$)

① 9 ② 3

③ -9 ④ -3

09 $(2 + 3i)(1 + 2i) = a + 7i$를 만족하는 실수 a의 값을 구하면? (단, $i = \sqrt{-1}$)

① -4 ② -6

③ 8 ④ -10

10 복소수 $\dfrac{2 + i}{2 - i}$와 같은 복소수는? (단, $i = \sqrt{-1}$)

① $\dfrac{5 + 2i}{2}$ ② $\dfrac{3 + 2i}{2}$

③ $\dfrac{3 + 4i}{5}$ ④ $\dfrac{2i}{5}$

정답 : 1. ①   2. ①   3. ④   4. ②   5. ③   6. ①   7. ④   8. ④   9. ①   10. ③

02 이차방정식

01 방정식의 정의

1) 방정식 : 미지수가 있는 등식

   예 $x + 1 = 3$, $x - 3 = 10$, $x^2 - 4 = 0$

2) 방정식을 푼다 : 등식을 성립하게 하는 미지수의 값을 구한다.

   구한 미지수의 값을 방정식의 "근" 또는 "해" 라고 한다.

   예 $x + 1 = 5$의 해는 $x = 4$이다.

3) 방정식의 해가 주어진 경우 : 주어진 해를 대입하면 등식이 성립한다.

   예 $x + 1 = a$의 해가 $x = 3$일 때, a의 값을 구하려면 $x = 3$을 대입하여
   a를 찾는다.

● 기본문제

1. 다음 방정식을 풀어라.

(1) $x + 6 = 10$

(2) $x - 3 = 5$

(3) $x + 3 = 1$

(4) $x + 1 = 0$

풀이/정답

답 | (1) $x = 4$　　(2) $x = 8$　　(3) $x = -2$　　(4) $x = -1$

2. 다음 방정식을 풀어라.

(1) $2x = 10$

(2) $3x = 12$

(3) $2x = -6$

(4) $\frac{1}{2}x = 4$

풀이/정답

답 | (1) $x = 5$ (2) $x = 4$ (3) $x = -3$ (4) $x = 8$

3. 방정식 $x + a = 10$의 해가 $x = 6$일 때, a 값을 구하시오.

풀이/정답

주어진 방정식에 $x = 6$을 대입하면 $6 + a = 10$이다. 이 등식을 만족하는 a의 값은 4이다.

답 | $a = 4$

4. 다음 중 $x = 2$를 근으로 하는 방정식을 고르면?

① $x + 2 = 0$

② $(x - 2)(x + 1) = 0$

③ $2x = 6$

④ $(x + 2)(x + 3) = 0$

풀이/정답

주어진 방정식에 $x = 2$를 대입하여 성립하는 방정식을 고른다.

답 | ②

이차방정식의 정의

· $ax^2 + bx + c = 0 \, (a \neq 0)$으로 나타낼 수 있는 방정식

이차방정식의 풀이

· 인수분해를 이용하여 이차방정식을 풀 수 있다.

$$\boxed{예} \quad x^2 - 7x + 6 = 0 \iff (x-1)(x-6) = 0$$

$$\therefore x = 1 \text{ 또는 } x = 6$$

· 근의 공식을 이용하여 이차방정식 $ax^2 + bx + c = 0$을 풀 수 있다.

이때 $x = \dfrac{-b \pm \sqrt{b^2 - 4ac}}{2a}$ 를 근의 공식이라고 한다.

● 기본문제

1. 다음 이차방정식을 풀어라.

(1) $x^2 + 5x + 6 = 0$ (2) $x^2 - 3x + 2 = 0$

(3) $x^2 - 9 = 0$ (4) $x^2 + 2x = 0$

풀이/정답

(1) $(x + 2)(x + 3) = 0$ (2) $(x - 1)(x - 2) = 0$

$\therefore x = -2 \text{ 또는 } x = -3$ $\therefore x = 1 \text{ 또는 } x = 2$

(3) $(x + 3)(x - 3) = 0$ (4) $x(x + 2) = 0$

$\therefore x = -3 \text{ 또는 } x = 3$ $\therefore x = 0 \text{ 또는 } x = -2$

답 | (1) $x = -2 \text{ 또는 } x = -3$ (2) $x = 1 \text{ 또는 } x = 2$

(3) $x = -3 \text{ 또는 } x = 3$ (4) $x = 0 \text{ 또는 } x = -2$

2. 근의 공식을 이용하여 다음 이차방정식의 근을 구하여라.

(1) $x^2 + 3x + 1 = 0$ (2) $2x^2 - 5x + 4 = 0$

 풀이/정답

(1) 근의 공식에서 $a = 1$, $b = 3$, $c = 1$이므로

$$x = \frac{-3 \pm \sqrt{3^2 - 4 \cdot 1 \cdot 1}}{2 \cdot 1} = \frac{-3 \pm \sqrt{5}}{2}$$

(2) 근의 공식에서 $a = 2$, $b = -5$, $c = 4$이므로

$$x = \frac{-(-5) \pm \sqrt{(-5)^2 - 4 \cdot 2 \cdot 4}}{2 \cdot 2} = \frac{5 \pm \sqrt{-7}}{4}$$
$$= \frac{5 \pm \sqrt{7}\,i}{4}$$

답 | (1) $x = \dfrac{-3 \pm \sqrt{5}}{2}$ (2) $x = \dfrac{5 \pm \sqrt{7}\,i}{4}$

이차방정식의 판별식

　이차방정식 $ax^2 + bx + c = 0$ $(a \neq 0)$에서 $b^2 - 4ac$를 판별식이라 하고, 보통 D로 나타낸다.

$$D = b^2 - 4ac$$

이차방정식 $ax^2 + bx + c = 0$ $(a \neq 0)$에서 $D = b^2 - 4ac$라 할 때,

① 서로 다른 두 실근 $\Leftrightarrow D > 0$

② 중근 $\Leftrightarrow D = 0$

③ 서로 다른 두 허근 $\Leftrightarrow D < 0$

● 기본문제

1. 다음 이차방정식의 근을 판별하여라.

(1) $x^2 + 2x + 4 = 0$

(2) $2x^2 + x - 1 = 0$

(3) $x^2 - 2x + 1 = 0$

풀이/정답

(1) $D = 2^2 - 4 \cdot 1 \cdot 4 = -12 < 0$이므로 서로 다른 두 허근을 가진다.

(2) $D = (1)^2 - 4 \cdot 2 \cdot (-1) = 9 > 0$이므로 서로 다른 두 실근을 가진다.

(3) $D = (-2)^2 - 4 \cdot 1 \cdot 1 = 0$이므로 중근을 가진다.

답ㅣ (1) 서로 다른 두 허근(실근 0개)   (2) 서로 다른 두 실근

        (3) 중근

2. 이차방정식 $x^2 + 6x + k = 0$이 중근을 가질 때, k 값을 구하시오.

 풀이/정답

이차방정식의 근이 중근이기 위한 조건 ⇔ $D = 0$

따라서 $D = (6)^2 - 4 \cdot 1 \cdot k = 0$이어야 한다. 즉, $k = 9$

답ㅣ $k = 9$

이차방정식의 근과 계수와의 관계

이차방정식 $ax^2 + bx + c = 0$ $(a \neq 0)$의 두 근을 α, β라 할 때,

$$\alpha + \beta = -\frac{b}{a}, \quad \alpha\beta = \frac{c}{a} \text{이다.}$$

⟶ $\alpha^2 + \beta^2 = (\alpha + \beta)^2 - 2\alpha\beta$

$$\frac{1}{\alpha} + \frac{1}{\beta} = \frac{\alpha + \beta}{\alpha\beta}$$

● **기본문제**

1. 다음 이차방정식의 두 근의 합과 두 근의 곱은?

(1) $x^2 - 3x + 4 = 0$ (2) $x^2 - 2x - 2 = 0$

(3) $x^2 + 6x - 5 = 0$ (4) $2x^2 - 5x - 1 = 0$

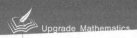

 풀이/정답

(1) 근과 계수와의 관계에 의하여 두 근의 합 $= -\dfrac{-3}{1} = 3$, 두 근의 곱 $= \dfrac{4}{1} = 4$

(2) 근과 계수와의 관계에 의하여 두 근의 합 $= -\dfrac{-2}{1} = 2$, 두 근의 곱 $= \dfrac{-2}{1} = -2$

(3) 근과 계수와의 관계에 의하여 두 근의 합 $= -\dfrac{6}{1} = -6$, 두 근의 곱 $= \dfrac{-5}{1} = -5$

(4) 근과 계수와의 관계에 의하여 두 근의 합 $= -\dfrac{-5}{2} = \dfrac{5}{2}$, 두 근의 곱 $= \dfrac{-1}{2} = -\dfrac{1}{2}$

답 | (1) 합 : 3, 곱 : 4　　　　　(2) 합 : 2, 곱 : -2

(3) 합 : -6, 곱 : -5　　　　(4) 합 : $\dfrac{5}{2}$, 곱 : $-\dfrac{1}{2}$

2. 이차방정식 $x^2 + 5x + 3 = 0$의 두 근이 α, β일 때, 다음 식의 값을 구하여라.

(1) $\alpha\beta + \alpha + \beta + 1$　　　　(2) $\alpha^2 + \beta^2$　　　　(3) $\dfrac{1}{\alpha} + \dfrac{1}{\beta}$

 풀이/정답

근과 계수와의 관계에 의하여 $\alpha + \beta = -5$, $\alpha\beta = 3$이다.

(1) $\alpha\beta + \alpha + \beta + 1 = 3 + (-5) + 1 = -1$

(2) $\alpha^2 + \beta^2 = (\alpha + \beta)^2 - 2\alpha\beta = (-5)^2 - 2 \times 3 = 19$

(3) $\dfrac{1}{\alpha} + \dfrac{1}{\beta} = \dfrac{\alpha + \beta}{\alpha\beta} = \dfrac{-5}{3}$

답 | (1) -1　　(2) 19　　(3) $-\dfrac{5}{3}$

3. 이차방정식 $x^2 - 6x + 4 = 0$의 두 근이 α, β일 때, $\alpha^2 + \beta^2$의 값을 구하시오.

 풀이/정답

근과 계수와의 관계에 의하여 $\alpha + \beta = 6$, $\alpha\beta = 4$이다.

$\alpha^2 + \beta^2 = (\alpha + \beta)^2 - 2\alpha\beta = 6^2 - 2 \times 4 = 28$

답 | 28

이차방정식의 작성

두 수 α, β를 근으로 하고, x^2의 계수가 1인 이차방정식은

$$(x - \alpha)(x - \beta) = 0 \iff x^2 - (\alpha + \beta)x + \alpha\beta = 0$$

● 기본문제

1. 다음을 구하시오.

(1) 2, 3을 두 근으로 하고 x^2의 계수가 1인 이차방정식은?

(2) 3, 4를 두 근으로 하는 이차방정식이 $x^2 + ax + b = 0$일 때, $a + b$의 값은?

 풀이/정답

(1) $(x - 2)(x - 3) = 0 \iff x^2 - 5x + 6 = 0$
(2) $(x - 3)(x - 4) = 0 \iff x^2 - 7x + 12 = 0$ 따라서 $a = -7$, $b = 12$

답 | (1) $x^2 - 5x + 6 = 0$ (2) 5

2. 이차방정식 $x^2 + 5x + a = 0$의 한 근이 -1일 때, 다른 한 근은?

 풀이/정답

주어진 방정식의 두 근의 합은 -5이다. 한 근이 -1이므로 다른 근은 -4이다.

답 | -4

3. 이차방정식 $x^2 - 6x + a = 0$의 한 근이 2일 때, a의 값은?

 풀이/정답

주어진 방정식의 두 근의 합은 6이고 한 근이 2이므로 다른 근은 4이다.
a는 두 근의 곱이므로 8이다.

답 | 8

11 이차방정식 $x^2 + 10x + 21 = 0$의 근을 구하면?

① $x = -10$ 또는 $x = -11$　　② $x = 3$ 또는 $x = 9$

③ $x = 3$ 또는 $x = 7$　　④ $x = -7$ 또는 $x = -3$

12 이차방정식 $x^2 + x - 12 = 0$의 근은?

① $x = -4$ 또는 $x = 3$　　② $x = -3$ 또는 $x = 4$

③ $x = 2$ 또는 $x = 6$　　④ $x = -6$ 또는 $x = 2$

13 이차방정식 $x^2 + 3x + 1 = 0$의 근을 구하면?

① $x = \dfrac{-3 \pm \sqrt{5}}{2}$　　② $x = \dfrac{-3 \pm \sqrt{10}}{2}$

③ $x = \dfrac{3 \pm \sqrt{5}}{2}$　　④ $x = \dfrac{-3 \pm \sqrt{3}}{2}$

14 이차방정식 $x^2 + x + 1 = 0$에 대한 설명 중 옳은 것은?

① 서로 다른 두 실근을 갖는다.

② 중근을 갖는다.

③ 서로 다른 두 허근을 갖는다.

④ 실근 하나, 허근 하나를 갖는다.

15 이차방정식 $x^2 + 2x + k = 0$이 중근을 가질 때, k의 값은?

① 1　　② 2

③ 3　　④ 4

16 이차방정식 $x^2 + 10x + k + 2 = 0$이 중근을 가질 때, k의 값은?

① 25   ② 24

③ 23   ④ 27

17 이차방정식 $x^2 - 4x + 3 = 0$의 두 근을 α, β라 할 때, $\alpha + \beta$와 $\alpha\beta$의 값을 순서대로 구하면?

① 3, 3   ② 3, 4

③ 4, 3   ④ 4, 4

18 이차방정식 $x^2 + 2x + 8 = 0$의 두 근을 α, β라고 할 때, $\dfrac{1}{\alpha} + \dfrac{1}{\beta}$의 값은?

① $-\dfrac{1}{4}$ ② 4

③ 2   ④ $\dfrac{1}{2}$

19 이차방정식 $x^2 + 5x + 2 = 0$의 두 근을 α, β라고 할 때, $\alpha^2 + \beta^2$의 값은?

① 25   ② 31

③ 21   ④ 6

20 두 수 -5, -7을 근으로 하고 이차항의 계수가 1인 이차방정식은?

① $x^2 + 12x + 35 = 0$ ② $x^2 - 5x + 7 = 0$

③ $x^2 - 12x + 35 = 0$ ④ $x^2 - 12x - 35 = 0$

정답 : 11. ④   12. ①   13. ①   14. ③   15. ①   16. ③   17. ③   18. ①   19. ③   20. ①

01 이차함수

이차함수의 뜻

함수 $y = f(x)$에서 $y = ax^2 + bx + c\,(a \neq 0)$와 같이 y를 x에 관한 이차식으로 나타낼 때, 이 함수를 이차함수라 한다.

이차함수의 그래프

1) 이차함수의 기본형

   이차함수 $y = ax^2\,(a \neq 0)$의 그래프는

   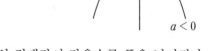

   ① 꼭짓점 : $(0, 0)$, 대칭축 : y축$(x = 0)$

   ② $a > 0$: 아래로 볼록(혹은 위로 오목)

     $a < 0$: 위로 볼록(혹은 아래로 오목)

   ③ a의 절댓값이 클수록 폭이 좁아지고 a의 절댓값이 작을수록 폭은 넓어진다.

   ④ $y = ax^2$의 그래프와 $y = -ax^2$의 그래프는 x축에 대하여 대칭이다.

2) 이차함수의 표준형

   이차함수 $y = a(x - p)^2 + q\,(a \neq 0)$의 그래프

   ① 이차함수 $y = ax^2$의 그래프를 x축의 방향으로 p만큼, y축의 방향으로 q만큼 평행이동한 그래프이다.

   ② 직선 $x = p$를 축으로 하고 점 (p, q)를 꼭짓점으로 하는 포물선이다.

   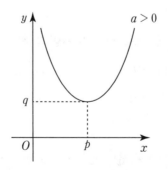

1. 다음 이차함수의 그래프와 꼭짓점을 구하여라.

(1) $y = x^2$

(2) $y = -x^2$

(3) $x = (x + 1)^2 + 2$

(4) $y = -(x - 2)^2 + 4$

풀이/정답

(1) 꼭짓점 $(0, 0)$

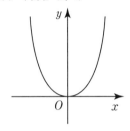

(2) 꼭짓점 $(0, 0)$

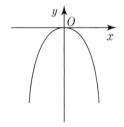

(3) 꼭짓점 $(-1, 2)$

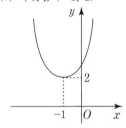

(4) 꼭짓점 $(2, 4)$

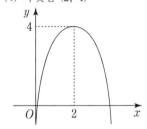

3) 이차함수의 일반형

이차함수 $y = ax^2 + bx + c \, (a \neq 0)$의 그래프는

① 꼭짓점 : $\left(-\dfrac{b}{2a},\ 대입\right)$, 대칭축 : $x = -\dfrac{b}{2a}$

② $a > 0$: 아래로 볼록(혹은 위로 오목)

$a < 0$: 위로 볼록(혹은 아래로 오목)

Example:

● 기본문제

1. 다음 이차함수의 꼭짓점과 그래프를 구하여라.

(1) $y = x^2 - 4x + 2$

(2) $y = x^2 + 2x + 3$

(3) $y = 2x^2 - 4x + 2$

(4) $y = -x^2 + 6x - 5$

풀이/정답

(1) $x = -\dfrac{b}{2a} = -\dfrac{-4}{2 \times 1} = 2$, $y = 2^2 - 4 \times 2 + 2 = -2$

(2) $x = -\dfrac{b}{2a} = -\dfrac{2}{2 \times 1} = -1$, $y = (-1)^2 + 2 \times (-1) + 3 = 2$

(3) $x = -\dfrac{b}{2a} = -\dfrac{-4}{2 \times 2} = 1$, $y = 2 \times (1)^2 - 4 \times (1) + 2 = 0$

(4) $x = -\dfrac{b}{2a} = -\dfrac{6}{2 \times (-1)} = 3$, $y = -(3)^2 + 6 \times (3) - 5 = 4$

답 | (1) 꼭짓점 $(2, -2)$

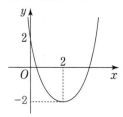

(2) 꼭짓점 $(-1, 2)$

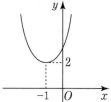

(3) 꼭짓점 $(1, 0)$

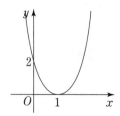

(4) 꼭짓점 $(3, 4)$

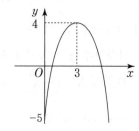

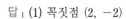

이차방정식의 근과 이차함수의 그래프와의 관계 $(D = b^2 - 4ac)$

	$D > 0$	$D = 0$	$D < 0$
$ax^2 + bx + c = 0$ $(a \neq 0)$의 근	서로 다른 두 실근	중근	서로 다른 두 허근
$y = ax^2 + bx + c$ $(a > 0)$의 그래프			
$y = ax^2 + bx + c$ $(a < 0)$의 그래프			

● 기본문제

1. 다음 이차함수의 그래프와 x축과의 교점의 개수를 구하시오.

(1) $y = x^2 + 2x + 3$

(2) $y = x^2 + 4x + 4$

(3) $y = x^2 - 5x + 2$

풀이/정답

(1) $D = (2)^2 - 4 \cdot 1 \cdot 3 = -8 < 0$이므로 x축과 만나지 않는다.

(2) $D = (4)^2 - 4 \cdot 1 \cdot 4 = 0$이므로 x축과 접한다.

(3) $D = (-5)^2 - 4 \cdot 1 \cdot 2 = 17 > 0$이므로 x축과 서로 다른 두 점에서 만난다.

답 | (1) 0개   (2) 1개   (3) 2개

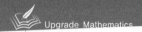
2. $y = x^2 + 2x + k$의 그래프가 x축과 접할 때, k의 값은?

풀이/정답

이차함수가 x축과 접하기 위한 조건 $\Leftrightarrow$ $D = 0$

따라서 $D = (2)^2 - 4 \cdot 1 \cdot k = 0$ 이어야 한다. 즉, $k = 1$

답 | $k = 1$

3. 다음 그래프의 식이 $y = x^2 + bx + c$ 일 때, b, c의 값은?

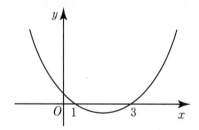

풀이/정답

그래프에서 x축과의 교점은 이차방정식의 근이므로

주어진 그래프의 식은 $y = (x - 1)(x - 3)$이다. 이 식을 전개하면 $y = x^2 - 4x + 3$

이므로 $b = -4$, $c = 3$ 이다.

답 | $b = -4$, $c = 3$

이차함수의 최댓값, 최솟값

1) x의 값에 제한이 없을 때의 최대, 최소

    $f(x) = ax^2 + bx + c$의 최대, 최소

        $a > 0$일 때 : 꼭짓점에서 최솟값을 갖는다.

        $a < 0$일 때 : 꼭짓점에서 최댓값을 갖는다.

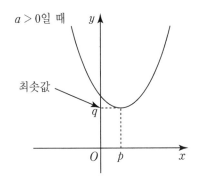

$x = p$일 때 최솟값은 q이고,
최댓값은 없다.

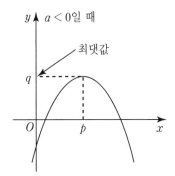

$x = p$일 때 최댓값은 q이고,
최솟값은 없다.

● **기본문제**

1. 다음 이차함수의 최댓값 또는 최솟값을 구하여라.

(1) $y = x^2 - 4x + 5$

(2) $y = x^2 + 6x + 11$

(3) $y = -x^2 + 4x + 3$

(4) $y = 2x^2 - 4x + 5$

풀이/정답

(1) $x = -\dfrac{b}{2a} = -\dfrac{-4}{2 \times 1} = 2$, $y = 2^2 - 4 \times 2 + 5 = 1$

(2) $x = -\dfrac{b}{2a} = -\dfrac{6}{2 \times 1} = -3$, $y = (-3)^2 + 6 \times (-3) + 11 = 2$

(3) $x = -\dfrac{b}{2a} = -\dfrac{4}{2 \times (-1)} = 2$, $y = -(2)^2 + 4 \times (2) + 3 = 7$

(4) $x = -\dfrac{b}{2a} = -\dfrac{-4}{2 \times 2} = 1$, $y = 2 \times (1)^2 - 4 \times (1) + 5 = 3$

답 | (1) 최솟값 : 1   (2) 최솟값 : 2   (3) 최댓값 : 7   (4) 최솟값 : 3

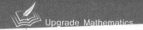

2) x값에 제한이 있을 때의 최대, 최소

$m \le x \le n$일 때 $f(x) = ax^2 + bx + c$의 최대, 최소 :

i) 꼭짓점이 범위 안에 있을 때

$f(m),\ \ f(n),\ \ f\left(-\dfrac{b}{2a}\right)$ 중 가장 큰 값이 최대, 가장 작은 값이 최소이다.

ii) 꼭짓점이 범위 안에 없을 때

$f(m),\ f(n)$ 중 큰 값이 최대, 작은 값이 최소이다.

● 기본문제

1. 다음 이차함수의 최댓값과 최솟값을 구하여라.

(1) $y = x^2 - 6x + 13\,(0 \le x \le 5)$

(2) $y = x^2 - 4x + 5\,(1 \le x \le 4)$

(3) $y = x^2 + 2x + 6\,(-3 \le x \le 0)$

(4) $y = -x^2 + 2x + 2\,(0 \le x \le 4)$

 풀이/정답

범위가 있는 이차함수는 범위의 양 끝 값, 또는 꼭짓점에서 최댓값과 최솟값을 갖는다.
(1) $f(0)$, $f(3)$, $f(5)$의 값을 비교한다.
(2) $f(1)$, $f(2)$, $f(4)$의 값을 비교한다.
(3) $f(-3)$, $f(-1)$, $f(0)$의 값을 비교한다.
(4) $f(0)$, $f(1)$, $f(4)$의 값을 비교한다.

답 | (1) 최솟값 : 4 , 최댓값 : 13　　(2) 최솟값 : 1 , 최댓값 : 5
　　(3) 최솟값 : 5 , 최댓값 : 9　　(4) 최솟값 : -6 , 최댓값 : 3

2. 다음을 구하여라.

(1) $2 \leq x \leq 5$인 이차함수 $f(x) = x^2 - 2x + 3$의 최댓값과 최솟값을 구하여라.

(2) $3 \leq x \leq 5$인 이차함수 $f(x) = -x^2 + 4x + 2$의 최댓값과 최솟값을 구하여라.

 풀이/정답

범위 안에 꼭짓점이 없는 경우 범위의 양 끝 값에서 최댓값과 최솟값을 갖는다.
(1) $f(2)$, $f(5)$를 구한다.
(2) $f(3)$, $f(5)$를 구한다.

답 | (1) 최솟값 : 3 , 최댓값 : 18   (2) 최솟값 : -3 , 최댓값 : 5

3. $0 \leq x \leq 3$일 때, 이차함수 $y = (x-2)^2 + 1$의 최댓값과 최솟값의 합을 구하여라.

 풀이/정답

꼭짓점 $(2, 1)$이 범위 안에 있으므로 $x = 2$일 때, 최솟값 1을 갖고, $x = 0$일 때, 최댓값 5를 갖는다.

답 | 6

4. $-1 \leq x \leq 1$일 때, 이차함수 $y = -(x+1)^2 + 3$의 최댓값과 최솟값의 합을 구하여라.

 풀이/정답

꼭짓점 $(-1, 3)$이 범위 안에 있으므로 $x = -1$일 때, 최댓값 3을 갖고, $x = 1$일 때, 최솟값 -1을 갖는다.

답 | 2

Exercises

21 이차함수 $y = (x-1)^2 + 2$의 꼭짓점의 좌표는?

① $(1, -2)$ ② $(1, 1)$

③ $(1, 2)$ ④ $(-1, 2)$

22 이차함수 $y = (x-2)^2 + 1$의 그래프에 대한 설명으로 옳지 <u>않은</u> 것은?

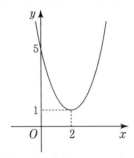

① 아래로 볼록하다.

② 최솟값은 1이다.

③ $(0, 5)$를 지난다.

④ 꼭짓점의 좌표는 $(1, 2)$이다.

23 이차함수 $y = -(x-2)^2 + 5$의 그래프에 대한 설명으로 옳지 <u>않은</u> 것은?

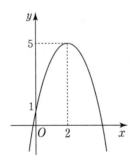

① 위로 볼록하다.

② 최댓값은 5이다.

③ 꼭짓점의 좌표는 $(-2, 5)$이다.

④ 축의 방정식은 $x = 2$이다.

24 이차함수 $y = x^2 - 6x + 13$의 꼭짓점의 좌표는?

① $(3, 4)$ ② $(3, -4)$

③ $(-3, -4)$ ④ $(4, 3)$

25 이차함수 $y = -x^2 + 4x + 3$의 꼭짓점의 좌표는?

① $(2, 7)$

② $(-2, 1)$

③ $(1, 7)$

④ $(-2, 2)$

26 이차함수 $y = x^2 - 4x + 7$의 최솟값은?

① 1

② 2

③ 3

④ 4

27 이차함수 $y = x^2 + 10x + 29$는 $x = a$일 때, 최솟값 b를 갖는다. $a + b$의 값은?

① -1

② 9

③ 7

④ 29

28 $1 \leq x \leq 3$일 때, 이차함수 $y = (x + 1)^2 + 2$의 최솟값과 최댓값의 합은?

① 24

② 25

③ 26

④ 27

29 $-2 \le x \le 1$일 때, 이차함수 $y = -(x+1)^2 + 2$의 최솟값은?

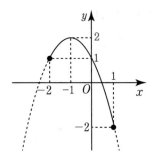

① -2

② -1

③ 1

④ 2

30 $0 \le x \le 3$일 때, 이차함수 $y = (x-1)^2 + 2$의 최댓값은?

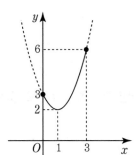

① 2

② 4

③ 6

④ 8

04 여러 가지 방정식

01 연립방정식

> **연립방정식** : 두 개 이상의 방정식을 한 쌍으로 묶어서 나타낸 것
>
> **연립일차방정식** : 각각의 방정식이 일차방정식인 연립방정식
>
> **연립방정식의 해**
>
> ① 연립방정식의 해 : 연립방정식에서 각각의 방정식을 동시에 만족시키는 x, y의 값 또는 그 순서쌍 (x, y)
>
> ② 연립방정식을 푼다 : 연립방정식을 정리(가감법)하여 연립방정식의 해를 모두 구하는 것
>
> 예 연립방정식 $\begin{cases} x + y = 8 \\ x - y = 2 \end{cases}$ 를 풀어라.
>
> $\begin{cases} x + y = 8 & \cdots ① \\ x - y = 2 & \cdots ② \end{cases}$ 에서 ①, ②식을 더하면
>
> $2x = 10$, 따라서 $x = 5$이다. $x = 5$를 ①식에 대입하면 $y = 3$이다.

● **기본문제**

1. 다음 연립방정식을 풀어라.

(1) $\begin{cases} x + y = 5 \\ x - y = 3 \end{cases}$

(2) $\begin{cases} 2x + y = 10 \\ 2x - y = 2 \end{cases}$

(3) $\begin{cases} x + 2y = 9 \\ x - 2y = 1 \end{cases}$

(4) $\begin{cases} 3x + y = 11 \\ x - y = 1 \end{cases}$

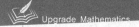
 풀이/정답

(1) $\begin{cases} x + y = 5 \cdots ① \\ x - y = 3 \cdots ② \end{cases}$ 에서 ①, ②식을 더하면

$2x = 8$, 따라서 $x = 4$이다. $x = 4$를 ①식에 대입하면 $y = 1$이다.

(2) $\begin{cases} 2x + y = 10 \cdots ① \\ 2x - y = 2 \cdots ② \end{cases}$ 에서 ①, ②식을 더하면

$4x = 12$, 따라서 $x = 3$이다. $x = 3$을 ①식에 대입하면 $y = 4$이다.

(3) $\begin{cases} x + 2y = 9 \cdots ① \\ x - 2y = 1 \cdots ② \end{cases}$ 에서 ①, ②식을 더하면

$2x = 10$, 따라서 $x = 5$이다. $x = 5$를 ①식에 대입하면 $y = 2$이다.

(4) $\begin{cases} 3x + y = 11 \cdots ① \\ x - y = 1 \cdots ② \end{cases}$ 에서 ①, ②식을 더하면

$4x = 12$, 따라서 $x = 3$이다. $x = 3$을 ②식에 대입하면 $y = 2$이다.

답 | (1) $x = 4$, $y = 1$ (2) $x = 3$, $y = 4$
     (3) $x = 5$, $y = 2$ (4) $x = 3$, $y = 2$

2. 다음 연립방정식을 풀어라.

(1) $\begin{cases} 2x + y = 5 \\ x + y = 3 \end{cases}$ (2) $\begin{cases} 4x + y = 9 \\ 2x + y = 5 \end{cases}$

(3) $\begin{cases} x + 3y = 9 \\ x + y = 1 \end{cases}$ (4) $\begin{cases} 3x + y = 11 \\ x + y = 7 \end{cases}$

풀이/정답

(1) $\begin{cases} 2x + y = 5 \cdots ① \\ x + y = 3 \cdots ② \end{cases}$ 에서 ① − ② 하면

$x = 2$이다. $x = 2$를 ②식에 대입하면 $y = 1$이다.

(2) $\begin{cases} 4x + y = 9 \cdots ① \\ 2x + y = 5 \cdots ② \end{cases}$ 에서 ① − ② 하면

$2x = 4$이다. 따라서 $x = 2$이다. $x = 2$를 ①식에 대입하면 $y = 1$이다.

(3) $\begin{cases} x + 3y = 9 \cdots ① \\ x + y = 1 \cdots ② \end{cases}$ 에서 ① − ② 하면

$2y = 8$, 따라서 $y = 4$이다. $y = 4$를 ②식에 대입하면 $x = -3$이다.

(4) $\begin{cases} 3x + y = 11 \cdots ① \\ x + y = 7 \cdots ② \end{cases}$ 에서 ① − ② 하면

$2x = 4$, 따라서 $x = 2$이다. $x = 2$를 ②식에 대입하면 $y = 5$이다.

답 | (1) $x = 2$, $y = 1$ (2) $x = 2$, $y = 1$

(3) $x = -3$, $y = 4$ (4) $x = 2$, $y = 5$

02 해가 주어진 방정식

해가 주어진 경우에는 주어진 해를 대입하여 나머지 미지수의 값을 구한다.

● **기본문제**

1. 연립방정식 $\begin{cases} x + y = a \\ xy = b \end{cases}$ 를 만족하는 해가 $x = 2$, $y = 4$일 때, $a + b$의 값을 구하시오.

풀이/정답

$\begin{cases} x + y = a \cdots ① \\ xy = b \cdots ② \end{cases}$ 이 식에 $x = 2$, $y = 4$를 대입하면 $\begin{cases} 2 + 4 = a \cdots ① \\ 2 \times 4 = b \cdots ② \end{cases}$

①에서 $a = 6$, ②에서 $b = 8$ 이다. 따라서 $a + b = 14$

답 | 14

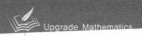

2. 연립방정식 $\begin{cases} x + y = a \\ x - y = b \end{cases}$ 의 해가 $x = 5$, $y = 2$일 때, $a + b$의 값을 구하시오.

 풀이/정답

$\begin{cases} x + y = a \cdots ① \\ x - y = b \cdots ② \end{cases}$ 이 식에 $x = 5$, $y = 2$를 대입하면 $\begin{cases} 5 + 2 = a \cdots ① \\ 5 - 2 = b \cdots ② \end{cases}$

①에서 $a = 7$, ②에서 $b = 3$이다. 따라서 $a + b = 10$

답 | 10

3. 연립방정식 $\begin{cases} x + y = a \\ xy = 6 \end{cases}$ 의 해가 $x = 2$, $y = b$일 때, $a + b$의 값을 구하시오.

 풀이/정답

$\begin{cases} x + y = a \cdots ① \\ xy = 6 \cdots ② \end{cases}$ 이 식에 $x = 2$, $y = b$를 대입하면 $\begin{cases} 2 + b = a \cdots ① \\ 2 \times b = 6 \cdots ② \end{cases}$

②에서 $b = 3$, ①에서 $a = 5$이다. 따라서 $a + b = 8$

답 | 8

4. 방정식 $x^2 + 2x + a = 0$의 해가 $x = 2$일 때, a값을 구하시오.

 풀이/정답

주어진 방정식에 $x = 2$를 대입하면 $4 + 4 + a = 0$이다. 이 등식을 만족하는 a의 값은 -8이다.

답 | $a = -8$

5. 방정식 $x^3 + 2x^2 + 3x + a = 0$의 한 근이 $x = 1$일 때, a값을 구하시오.

 풀이/정답

주어진 방정식에 $x = 1$을 대입하면 $1 + 2 + 3 + a = 0$이다. 이 등식을 만족하는 a의 값은 -6이다.

답 | $a = -6$

Exercises

31 연립방정식 $\begin{cases} x + y = 9 \\ x - y = 5 \end{cases}$ 를 만족하는 x, y에 대하여 x, y의 값은?

① $x = 8$, $y = 2$　　　　　　② $x = 5$, $y = 3$

③ $x = 7$, $y = 2$　　　　　　④ $x = 7$, $y = 1$

32 연립방정식 $\begin{cases} x + 4y = 9 \\ x - 4y = 1 \end{cases}$ 을 만족하는 x, y에 대하여 x, y의 값은?

① $x = 5$, $y = 1$　　　　　　② $x = 4$, $y = 2$

③ $x = 6$, $y = 4$　　　　　　④ $x = 7$, $y = 1$

33 연립방정식 $\begin{cases} 2x + 3y = 11 \\ 2x + y = 5 \end{cases}$ 를 만족하는 x, y에 대하여 xy의 값은?

① 0　　　　　　　　　　② 1

③ 2　　　　　　　　　　④ 3

34 연립방정식 $\begin{cases} x + y = a \\ x - y = b \end{cases}$ 의 해가 $x = 7$, $y = 3$일 때, $a - b$의 값은?

① 4　　　　　　　　　　② 6

③ 8　　　　　　　　　　④ 10

35 연립방정식 $\begin{cases} x + y = 10 \\ xy = a \end{cases}$ 의 해가 $x = 8$, $y = b$일 때, $a + b$의 값은?

① 16　　　　　　　　② 17

③ 18　　　　　　　　④ 19

36 연립방정식 $\begin{cases} x + y = a \\ xy = 18 \end{cases}$ 의 해가 $x = 3$, $y = b$일 때, $a + b$의 값은?

① 13　　　　　　　　② 12

③ 11　　　　　　　　④ 15

37 방정식 $x^2 + a = 8$의 한 근이 $x = 3$일 때, a값을 구하면?

① 1　　　　　　　　② -1

③ 2　　　　　　　　④ -2

38 방정식 $x^3 + 2x^2 + 3x + a = 10$의 한 근이 $x = 1$일 때, a값을 구하면?

① 1　　　　　　　　② 2

③ 3　　　　　　　　④ 4

39 방정식 $x^3 + x^2 + x + a = 0$의 한 근이 $x = 2$일 때, a값을 구하면?

① -8 ② 8

③ 14 ④ -14

40 사차방정식 $x^4 + ax^2 + 2 = 0$의 한 근이 $x = 1$일 때, a값을 구하면?

① -3 ② 3

③ 2 ④ -2

05 여러 가지 부등식

01 부등식의 성질

부등식

부등호 $>$, $<$, $\geq$, $\leq$를 사용하여 수나 식의 값의 대소 관계를 나타낸 식을 부등식이라고 한다.

부등식의 기본 성질

1) 부등식의 양변에 같은 수를 더하거나 빼도 부등호의 방향은 바뀌지 않는다.
2) 부등식의 양변에 같은 양수를 곱하거나 나누어도 부등호의 방향은 바뀌지 않는다.
3) 부등식의 양변에 같은 음수를 곱하거나 나누면 부등호의 방향은 바뀐다.

　실수 a, b, c에 대하여

　① $a > b$이면 $a + c > b + c$

　② $a > b$이면 $a - c > b - c$

　③ $a > b, c > 0$이면 $ac > bc$, $\dfrac{a}{c} > \dfrac{b}{c}$

　④ $a > b, c < 0$이면 $ac < bc$, $\dfrac{a}{c} < \dfrac{b}{c}$

● **기본문제**

1. $a > b$일 때, 다음 빈칸에 알맞은 부등호를 쓰시오.

(1) $a + 2$ ☐ $b + 2$　　　　(2) $a - 2$ ☐ $b - 2$

(3) $a \times 2$ ☐ $b \times 2$　　　　(4) $a \div (-2)$ ☐ $b \div (-2)$

풀이/정답

- -

(1) 부등식의 양변에 같은 수를 더해도 부등호의 방향은 바뀌지 않는다.
(2) 부등식의 양변에 같은 수를 빼도 부등호의 방향은 바뀌지 않는다.
(3) 부등식의 양변에 같은 양수를 곱해도 부등호의 방향은 바뀌지 않는다.
(4) 부등식의 양변에 같은 음수를 나누면 부등호의 방향은 바뀐다.

답 ｜ (1) $>$　　(2) $>$　　(3) $>$　　(4) $<$

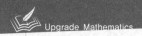
02 부등식의 표현(수직선)

범위 표현 : 주어진 부등식을 수직선에 표현할 수 있다.

(1) $x \geq 3$

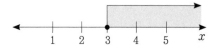

(2) $x > 3$

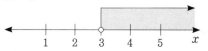

(3) $x \leq 3$

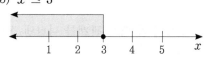

(4) $x < 3$

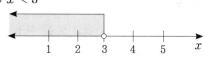

(5) $-2 \leq x \leq 2$

(6) $x \leq -2$ 또는 $x \geq 2$

● 기본문제

1. 수직선 위에 나타난 x값의 범위를 부등식으로 나타내시오.

 풀이/정답

주어진 수직선은 2보다 큰 범위를 표현한 것이므로 $x > 2$이다.

답 | $x > 2$

2. 수직선 위에 나타난 x값의 범위를 부등식으로 나타내시오.

 풀이/정답

주어진 수직선은 5보다 작은 범위를 표현한 것이므로 $x < 5$이다.

답 | $x < 5$

3. 수직선 위에 나타난 x값의 범위를 부등식으로 나타내시오.

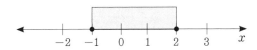

 풀이/정답

주어진 수직선은 -1보다 크거나 같고 2보다 작거나 같은 범위를 나타낸 것이므로
$-1 \leq x \leq 2$이다.

답 | $-1 \leq x \leq 2$

4. 수직선 위에 나타난 x값의 범위를 부등식으로 나타내시오.

 풀이/정답

주어진 수직선은 2보다 작거나 6보다 큰 범위를 나타낸 것이므로
$x < 2$ 또는 $x > 6$이다.

답 | $x < 2$ 또는 $x > 6$

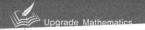

03 절댓값을 포함한 부등식

> **절댓값** : 수직선 상에서 원점에서의 거리를 뜻함
>
> 　　예 $|3| = 3$, $|-3| = 3$
>
> **절댓값 성질**
>
> $$|a| = \begin{cases} a(a \geq 0) \\ -a(a < 0) \end{cases}$$
>
> **절댓값 기호를 포함한 일차부등식**
>
> 　양수 a에 대하여
>
> 　　$|x| < a \Leftrightarrow -a < x < a$　　　　$|x| > a \Leftrightarrow x < -a$ 또는 $x > a$
>
> 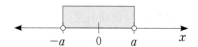　　
>
> 　예 부등식 $|x| < 5$를 풀어라. 　답 : $-5 < x < 5$
>
> 　　부등식 $|x| > 5$를 풀어라. 　답 : $x < -5$ 또는 $x > 5$

● **기본문제**

1. 다음 부등식을 풀어라.

(1) $|x| < 2$ 　　　　　　　　　(2) $|x| \leq 4$

(3) $|x - 1| < 2$ 　　　　　　　(4) $|2x - 1| \leq 3$

풀이/정답

(1) $|x| < 2 \Rightarrow -2 < x < 2$　　　　　(2) $|x| \leq 4 \Rightarrow -4 \leq x \leq 4$

(3) $|x - 1| < 2 \Rightarrow -2 < x - 1 < 2 \Rightarrow -1 < x < 3$

(4) $|2x - 1| \leq 3 \Rightarrow -3 \leq 2x - 1 \leq 3 \Rightarrow -2 \leq 2x \leq 4 \Rightarrow -1 \leq x \leq 2$

답 | (1) $-2 < x < 2$　　(2) $-4 \leq x \leq 4$

　　(3) $-1 < x < 3$　　(4) $-1 \leq x \leq 2$

2. 다음 부등식을 풀어라.

(1) $|x| > 2$

(2) $|x| \geq 4$

(3) $|x - 1| > 2$

(4) $|2x - 1| \geq 3$

 풀이/정답

(1) $|x| > 2 \Rightarrow x < -2$ 또는 $x > 2$

(2) $|x| \geq 4 \Rightarrow x \leq -4$ 또는 $x \geq 4$

(3) $|x - 1| > 2 \Rightarrow x - 1 < -2$ 또는 $x - 1 > 2 \Rightarrow x < -1$ 또는 $x > 3$

(4) $|2x - 1| \geq 3 \Rightarrow 2x - 1 \leq -3$ 또는 $2x - 1 \geq 3$

$\Rightarrow 2x \leq -2$ 또는 $2x \geq 4 \Rightarrow x \leq -1$ 또는 $x \geq 2$

답 ┃ (1) $x < -2$ 또는 $x > 2$ (2) $x \leq -4$ 또는 $x \geq 4$

(3) $x < -1$ 또는 $x > 3$ (4) $x \leq -1$ 또는 $x \geq 2$

3. $|2x - 3| < 5$를 만족하는 정수 x의 개수는?

 풀이/정답

$|2x - 3| < 5 \Rightarrow -5 < 2x - 3 < 5 \Rightarrow -2 < 2x < 8$

$\Rightarrow -1 < x < 4$ 따라서 정수 $x = 0, 1, 2, 3$

답 ┃ 4개

04 이차부등식

이차부등식

$ax^2 + bx + c = 0\,(a > 0)$의 두 근을 $\alpha,\ \beta\,(\alpha < \beta)$라 하면

(1) $ax^2 + bx + c > 0$의 해는 $x < \alpha$ 또는 $x > \beta$

(2) $ax^2 + bx + c < 0$의 해는 $\alpha < x < \beta$

● 기본문제

1. 다음 이차부등식을 풀어라.

(1) $x^2 - 7x + 10 < 0$

(2) $x^2 - 3x + 2 \leq 0$

(3) $x^2 - 1 < 0$

(4) $x^2 - 4x \leq 0$

풀이/정답

(1) $(x - 2)(x - 5) < 0$

  $\therefore 2 < x < 5$

(2) $(x - 1)(x - 2) \leq 0$

  $\therefore 1 \leq x \leq 2$

(3) $(x + 1)(x - 1) < 0$

  $\therefore -1 < x < 1$

(4) $x(x - 4) \leq 0$

  $\therefore 0 \leq x \leq 4$

답 | (1) $2 < x < 5$　　(2) $1 \leq x \leq 2$

　　(3) $-1 < x < 1$　　(4) $0 \leq x \leq 4$

2. 다음 이차부등식을 풀어라.

(1) $x^2 - 8x + 12 > 0$

(2) $x^2 + 5x + 6 \geq 0$

(3) $x^2 - 4 > 0$

(4) $x^2 - 3x \geq 0$

 풀이/정답

(1) $(x - 2)(x - 6) > 0$

$\therefore x < 2$ 또는 $x > 6$

(2) $(x + 3)(x + 2) \geq 0$

$\therefore x \leq -3$ 또는 $x \geq -2$

(3) $(x + 2)(x - 2) > 0$

$\therefore x < -2$ 또는 $x > 2$

(4) $x(x - 3) \geq 0$

$\therefore x \leq 0$ 또는 $x \geq 3$

답 | (1) $x < 2$ 또는 $x > 6$ (2) $x \leq -3$ 또는 $x \geq -2$

(3) $x < -2$ 또는 $x > 2$ (4) $x \leq 0$ 또는 $x \geq 3$

3. $x^2 - 10x + 16 < 0$을 만족하는 정수 x의 개수는?

 풀이/정답

$(x - 2)(x - 8) < 0 \Rightarrow 2 < x < 8$이므로 정수 $x = 3, 4, 5, 6, 7$이다.

답 | 5개

4. $x^2 - 9x + 14 \leq 0$을 만족하는 정수 x의 개수는?

 풀이/정답

$(x-2)(x-7) \leq 0 \Rightarrow 2 \leq x \leq 7$이므로 정수 $x = 2, 3, 4, 5, 6, 7$이다.

답 | 6개

5. 이차함수의 그래프를 이용하여 $x^2 - 4x + 3 < 0$ 이차부등식을 풀어라.

 풀이/정답

이차함수 $y = x^2 - 4x + 3 = (x-1)(x-3)$의 그래프는
아래 그림과 같이 x축과 두 점 $(1, 0)$, $(3, 0)$에서 만난다. 이 그래프에서 x축의 아랫부분에
있는 x 값의 범위는 $1 < x < 3$ 이다.

답 | $1 < x < 3$

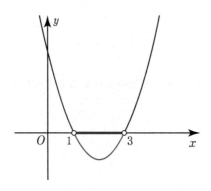

> **연립부등식**
>
> 두 개 이상의 부등식이 주어진 것을 연립부등식이라 한다.
>
> 연립부등식을 풀 때는 각 부등식을 풀어서 이들의 공통부분을 구한다.

● **기본문제**

1. 다음 연립부등식 $\begin{cases} 2x - 1 \le 3 \cdots ① \\ x^2 - x - 6 < 0 \cdots ② \end{cases}$ 을 풀어라.

 풀이/정답

①을 풀면 $2x \le 4$ $\therefore x \le 2$ $\cdots\cdots$ ③

②의 좌변을 인수분해하면 $(x + 2)(x - 3) < 0$ $\therefore -2 < x < 3$ $\cdots\cdots$ ④

따라서 ③과 ④를 동시에 만족하는 x의 값의 범위는

$$-2 < x \le 2$$

답ㅣ $-2 < x \le 2$

2. 연립이차부등식 $\begin{cases} x^2 + 2x - 15 \le 0 \cdots ① \\ x^2 + 3x - 4 > 0 \cdots ② \end{cases}$ 을 풀어라.

 풀이/정답

①의 좌변을 인수분해하면 $(x + 5)(x - 3) \le 0$ $\therefore -5 \le x \le 3$ $\cdots\cdots$ ③

②의 좌변을 인수분해하면 $(x + 4)(x - 1) > 0$ $\therefore x < -4$ 또는 $x > 1$ $\cdots\cdots$ ④

따라서 ③과 ④를 동시에 만족하는 x 값의 범위는

$$-5 \le x < -4 \text{ 또는 } 1 < x \le 3$$

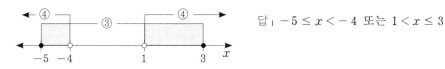

답ㅣ $-5 \le x < -4$ 또는 $1 < x \le 3$

41 부등식 $|x| \leq 2$를 수직선 위에 나타낸 것은?

① 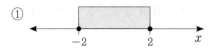 ②

③  ④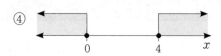

42 부등식 $|x - 1| \geq 2$를 수직선 위에 나타낸 것은?

①  ②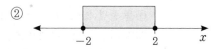

③  ④

43 부등식 $|2x + 3| < 7$의 해가 $a < x < b$일 때, ab의 값은?

① 5 ② -12

③ 8 ④ -10

44 이차부등식 $(x + 5)(x - 2) < 0$의 해는?

① $2 < x < 5$ ② $-5 < x < 2$

③ $x < -2$ 또는 $x > 5$ ④ $x < -5$ 또는 $x > 2$

45 부등식 $x^2 - 3x \leq 0$의 해를 수직선 위에 나타낸 것은?

①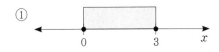

②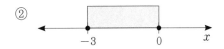

③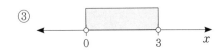

④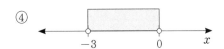

46 이차부등식 $x^2 - 9x + 14 < 0$를 만족하는 정수 x의 개수는?

① 4개

② 5개

③ 6개

④ 7개

47 이차부등식 $x^2 - 10x + 21 > 0$의 해는?

① $3 < x < 7$

② $-7 < x < -3$

③ $x < -7$ 또는 $x > -3$

④ $x < 3$ 또는 $x > 7$

48 이차부등식 $x^2 - x - 6 \geq 0$의 해는?

①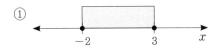

②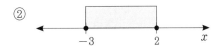

③

④

49 연립부등식 $\begin{cases} x > 3 \\ x^2 - 7x + 10 > 0 \end{cases}$ 을 풀면?

① $x > 5$　　　　　　　② $x > 3$

③ $x > 1$　　　　　　　④ $x > -2$

50 다음 연립부등식을 만족하는 정수 x의 개수는?

$$\begin{cases} (x + 2)(x - 3) > 0 \\ x^2 - 8x + 12 < 0 \end{cases}$$

① 1　　　　　　　② 2

③ 3　　　　　　　④ 4

III

·

도형의 방정식

U P G R A D E · M A T H E M A T I C S

평면좌표

01 수직선의 두 점

수직선에서 두 점 사이의 거리

수직선 위의 두 점 $A(x_1)$, $B(x_2)$ 사이의 거리 : $\overline{AB} = |x_2 - x_1|$이다.

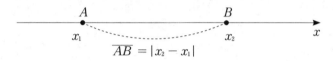

예 수직선 위의 세 점 A, B, C에 대하여 다음을 구하여라.

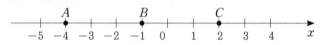

(1) 두 점 A, B 사이의 거리

$|-1 - (-4)| = 3$

(2) 두 점 A, C 사이의 거리

$|2 - (-4)| = 6$

● 기본문제

1. 수직선 위에 있는 다음 두 점 사이의 거리를 구하여라.

(1) $A(2)$, $B(6)$

(2) $C(1)$, $D(4)$

 풀이/정답

(1) $\overline{AB} = |6 - 2| = 4$ (2) $\overline{CD} = |4 - 1| = 3$

답 | (1) 4   (2) 3

2. 수직선 위에 있는 다음 두 점 사이의 거리를 구하여라.

(1) $A(-2)$, $B(6)$ (2) $C(-3)$, $D(4)$

 풀이/정답

(1) $\overline{AB} = |6 - (-2)| = 8$ (2) $\overline{CD} = |4 - (-3)| = 7$

답 | (1) 8 (2) 7

02 좌표평면

좌표평면

1) 가로의 수직선을 x축, 세로의 수직
선을 y축, 두 좌표축이 만나는 점 O
를 원점으로 하여 모든 점의 위치를
좌표 $P(a, b)$로 나타낼 수 있는 평면
을 좌표평면이라고 한다.

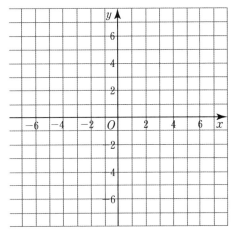

2) 좌표평면 위의 점의 좌표는
(x좌표, y좌표)의 순서쌍으로 나타낸
다.

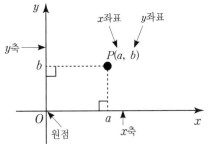

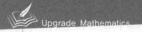

● 기본문제

1. 다음 좌표평면에 있는 점의 좌표를 말하여라.

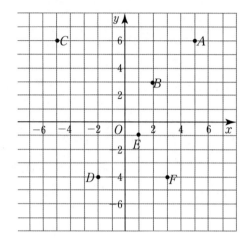

(1) A

(2) B

(3) C

(4) D

(5) E

(6) F

풀이/정답

답 | (1) $A(5,\ 6)$　　　(2) $B(2,\ 3)$　　　(3) $C(-5,\ 6)$

　　(4) $D(-2,\ -4)$　　(5) $E(1,\ -1)$　　(6) $F(3,\ -4)$

2. 다음 좌표평면에 있는 점의 좌표를 말하여라.

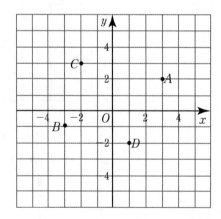

(1) A

(2) B

(3) C

(4) D

풀이/정답

답 | (1) $A(3,\ 2)$　　(2) $B(-3,\ -1)$　　(3) $C(-2,\ 3)$　　(4) $D(1,\ -2)$

좌표평면에서 두 점 사이의 거리

좌표평면 위에 있는 두 점 $A(x_1, \ y_1)$과 $B(x_2, \ y_2)$ 사이의 거리는

$$\overline{AB} = \sqrt{(x_2 - x_1)^2 + (y_2 - y_1)^2}$$

좌표평면에서 두 점의 중점

두 점 $A(x_1, \ y_1)$, $B(x_2, \ y_2)$를 이은 선분 AB의 중점 좌표 $M\left(\dfrac{x_1 + x_2}{2}, \ \dfrac{y_1 + y_2}{2}\right)$

● 기본문제

1. 좌표평면 위에 있는 다음 두 점 사이의 거리를 구하여라.

(1) $A(1, \ 3), \ B(4, \ 5)$

(2) $C(0, \ 3), \ D(4, \ 6)$

 풀이/정답

(1) $\overline{AB} = \sqrt{(4 - 1)^2 + (5 - 3)^2} = \sqrt{3^2 + 2^2} = \sqrt{13}$

(2) $\overline{CD} = \sqrt{(4 - 0)^2 + (6 - 3)^2} = \sqrt{4^2 + 3^2} = \sqrt{25} = 5$

답 | (1) $\sqrt{13}$　　(2) 5

2. 좌표평면 위에 있는 다음 두 점 사이의 거리를 구하여라.

(1) $A(-1,\ 2),\ B(3,\ 4)$

(2) $C(1,\ 2),\ D(-1,\ 4)$

 풀이/정답

(1) $\overline{AB} = \sqrt{(3-(-1))^2 + (4-2)^2} = \sqrt{4^2 + 2^2} = \sqrt{20} = 2\sqrt{5}$

(2) $\overline{CD} = \sqrt{(-1-1)^2 + (4-2)^2} = \sqrt{2^2 + 2^2} = \sqrt{8} = 2\sqrt{2}$

답 | (1) $2\sqrt{5}$　　(2) $2\sqrt{2}$

3. 좌표평면 위에 있는 두 점을 이은 선분의 중점을 구하여라.

(1) $A(2,\ 3),\ B(6,\ 5)$

(2) $C(0,\ 4),\ D(2,\ 6)$

 풀이/정답

(1) $\overline{AB}$ 의 중점은 $\left(\dfrac{2+6}{2},\ \dfrac{3+5}{2}\right) = (4,\ 4)$

(2) $\overline{CD}$ 의 중점은 $\left(\dfrac{0+2}{2},\ \dfrac{4+6}{2}\right) = (1,\ 5)$

답 | (1) $(4,\ 4)$　　(2) $(1,\ 5)$

4. 좌표평면 위에 있는 두 점을 이은 선분의 중점을 구하여라.

(1) $A(-1, -3)$, $B(-5, -5)$

(2) $C(2, 3)$, $D(-5, 6)$

 풀이/정답

(1) $\overline{AB}$ 의 중점은 $\left(\dfrac{-1+(-5)}{2}, \dfrac{-3+(-5)}{2} \right) = (-3, -4)$

(2) $\overline{CD}$ 의 중점은 $\left(\dfrac{2+(-5)}{2}, \dfrac{3+6}{2} \right) = \left(-\dfrac{3}{2}, \dfrac{9}{2} \right)$

답 $\lvert$ (1) $(-3, -4)$ (2) $\left(-\dfrac{3}{2}, \dfrac{9}{2} \right)$

04 선분의 내분점, 외분점

수직선 위에서 선분의 내분점과 외분점

수직선 위에 있는 두 점 $A(x_1)$과 $B(x_2)$에 대하여 선분 AB를 $m:n$
$(m > 0, n > 0)$으로 내분하는 점 P와 외분하는 점 Q의 좌표는 다음과 같다.

1) 내분점 : $P\left(\dfrac{mx_2 + nx_1}{m + n} \right)$

2) 외분점 : $Q\left(\dfrac{mx_2 - nx_1}{m - n} \right)$ (단, $m \neq n$)

$\overline{AB}$ 의 중점을 $M(x)$라 하면 $M(x) = \dfrac{x_1 + x_2}{2} \Rightarrow$ 중점은 1:1 로 내분하는 점이다.

내분, 외분의 의미 : 〈출발 $\Rightarrow$ (내분점 또는 외분점)거쳐서 $\Rightarrow$ 도착〉

1) 선분 $\overline{AB}$ 를 3:2로 내분(3 + 2 등분)

2) 선분 $\overline{AB}$ 를 5:2로 외분(5 − 2 등분) : 양수이면 오른쪽 밖으로 나갔다가 왼쪽으로

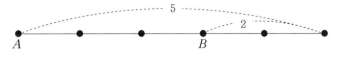

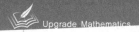

● 기본문제

1. 수직선 위에 있는 두 점 $A(1)$과 $B(4)$에 대하여 다음 점의 좌표를 구하여라.

(1) 선분 AB를 1:2로 내분하는 점 P

(2) 선분 AB를 2:1로 내분하는 점 Q

(3) 선분 AB를 1:2로 외분하는 점 R

(4) 선분 AB를 2:1로 외분하는 점 S

 풀이/정답

네 점 P, Q, R, S의 좌표를 각각 x_1, x_2, x_3, x_4라고 하자.

(1) $x_1 = \dfrac{1 \cdot 4 + 2 \cdot 1}{1 + 2} = 2$ (2) $x_2 = \dfrac{2 \cdot 4 + 1 \cdot 1}{2 + 1} = 3$

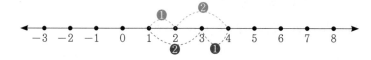

(3) $x_3 = \dfrac{1 \cdot 4 - 2 \cdot 1}{1 - 2} = -2$ (4) $x_4 = \dfrac{2 \cdot 4 - 1 \cdot 1}{2 - 1} = 7$

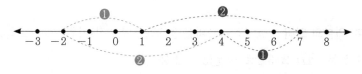

답 | (1) $P(2)$ (2) $Q(3)$ (3) $R(-2)$ (4) $S(7)$

2. 수직선 위의 두 점 $A(-1)$, $B(2)$에 대하여 다음을 구하여라.

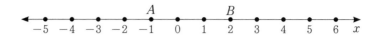

(1) 선분 AB를 $2:1$로 내분하는 점 C의 좌표

(2) 선분 AB를 $3:2$로 외분하는 점 D의 좌표

(3) 선분 AB의 중점 M의 좌표

 풀이/정답

세 점 C, D, M의 좌표를 각각 x_1, x_2, x_3라고 하자.

(1) $x_1 = \dfrac{2 \cdot 2 + 1 \cdot (-1)}{2 + 1} = \dfrac{3}{3} = 1$ (2) $x_2 = \dfrac{3 \cdot 2 - 2 \cdot (-1)}{3 - 2} = 8$

(3) $x_3 = \dfrac{(-1) + 2}{2} = \dfrac{1}{2}$

답ㅣ (1) $C(1)$ (2) $D(8)$ (3) $M\left(\dfrac{1}{2}\right)$

3. 수직선 위에 있는 두 점 $A(a)$과 $B(8)$에 대하여 선분 AB의 중점 M의 좌표가 $M(5)$일 때, a의 값을 구하시오.

 풀이/정답

점 M의 좌표를 구하면 $\dfrac{a + 8}{2} = 5 \Rightarrow a + 8 = 10$

따라서 $a = 2$이다.

답ㅣ $a = 2$

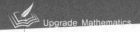
좌표평면 위에서 선분의 내분점과 외분점

좌표평면 위에 있는 두 점 $A(x_1, y_1)$과 $B(x_2, y_2)$에 대하여 선분 AB를 $m:n(m > 0,$ $n > 0)$으로 내분하는 점 P와 외분하는 점 Q의 좌표는 다음과 같다.

1) 내분점 : $P\left(\dfrac{mx_2 + nx_1}{m + n}, \dfrac{my_2 + ny_1}{m + n}\right)$

2) 외분점 : $Q\left(\dfrac{mx_2 - nx_1}{m - n}, \dfrac{my_2 - ny_1}{m - n}\right)$ (단, $m \neq n$)

$\overline{AB}$ 의 중점을 M이라 하면 $M\left(\dfrac{x_1 + x_2}{2}, \dfrac{y_1 + y_2}{2}\right)$: 두 좌표의 평균

삼각형의 무게중심

$\triangle ABC$의 세 꼭짓점이 $A(x_1, y_1)$, $B(x_2, y_2)$, $C(x_3, y_3)$일 때, 이 삼각형의 무게중심 G의 좌표는

$$G\left(\frac{x_1 + x_2 + x_3}{3}, \frac{y_1 + y_2 + y_3}{3}\right) : 세 좌표의 평균$$

● 기본문제

1. 좌표평면 위에 있는 두 점 $A(6, 5)$와 $B(2, 1)$에 대하여 다음 점의 좌표를 구하여라.

(1) 선분 AB를 1:3으로 내분하는 점 P

(2) 선분 AB를 3:1로 외분하는 점 Q

(3) 선분 AB의 중점 M

 풀이/정답

(1) 점 P의 좌표를 (x_1, y_1)이라고 하면

$$x_1 = \frac{1 \cdot 2 + 3 \cdot 6}{1 + 3} = 5, \quad y_1 = \frac{1 \cdot 1 + 3 \cdot 5}{1 + 3} = 4$$

따라서 점 P의 좌표는 $P(5, 4)$이다.

(2) 점 Q의 좌표를 (x_2, y_2)이라고 하면

$$x_2 = \frac{3 \cdot 2 - 1 \cdot 6}{3 - 1} = 0, \quad y_2 = \frac{3 \cdot 1 - 1 \cdot 5}{3 - 1} = -1$$

따라서 점 Q의 좌표는 $Q(0, -1)$이다.

(3) 점 M의 좌표를 (x_3, y_3)이라고 하면 $x_3 = \dfrac{6 + 2}{2} = 4, \quad y_3 = \dfrac{5 + 1}{2} = 3$

따라서 점 M의 좌표는 $M(4, 3)$이다.

답 | (1) $P(5, 4)$ (2) $Q(0, -1)$ (3) $M(4, 3)$

2. 두 점 $A(2, 3)$, $B(-3, 8)$에 대하여 선분 AB를 2:3으로 내분하는 점 P와 외분하는 점 Q의 좌표를 구하여라.

 풀이/정답

(1) 점 P의 좌표를 (x_1, y_1)이라고 하면
$$x_1 = \frac{2 \cdot (-3) + 3 \cdot 2}{2 + 3} = 0, \ y_1 = \frac{2 \cdot 8 + 3 \cdot 3}{2 + 3} = 5$$
따라서 점 P의 좌표는 $P(0, 5)$이다.

(2) 점 Q의 좌표를 (x_2, y_2)이라고 하면
$$x_1 = \frac{2 \cdot (-3) - 3 \cdot 2}{2 - 3} = 12, \ y_2 = \frac{2 \cdot 8 - 3 \cdot 3}{2 - 3} = -7$$
따라서 점 Q의 좌표는 $Q(12, -7)$이다.

답 | (1) $P(0, 5)$　　(2) $Q(12, -7)$

3. 두 점 $A(a, b)$, $B(2, 7)$에 대하여 선분 AB의 중점 M의 좌표가 $M(3, 4)$일 때, a, b의 값을 구하시오.

 풀이/정답

점 M의 좌표가 $(3, 4)$이므로
$$\frac{a + 2}{2} = 3, \ \frac{b + 7}{2} = 4,$$
따라서 점 $a = 4$, $b = 1$이다.

답 | $a = 4$, $b = 1$

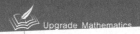

4. 좌표평면 위에 있는 세 점 $A(-2, 3)$, $B(4, -2)$, $C(1, 5)$를 꼭짓점으로 하는 $\triangle ABC$ 의 무게중심 G의 좌표를 구하여라.

 풀이/정답

무게중심 G의 좌표를 (x_1, y_1)이라고 하면

$$x_1 = \frac{(-2) + 4 + 1}{3} = 1, \quad y_1 = \frac{3 + (-2) + 5}{3} = 2$$

따라서 점 G의 좌표는 $G(1, 2)$이다.

답ㅣ $G(1, 2)$

Exercises

Upgrade Mathematics 　 단 ■ 원 ■ 정 ■ 리

01 좌표평면 위의 점 P의 좌표는?

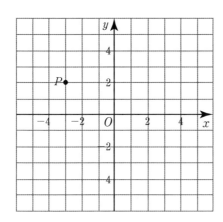

① $P(3,\ 2)$

② $P(-3,\ 2)$

③ $P(-2,\ -3)$

④ $P(2,\ -3)$

02 좌표평면 위에 두 점 $A(2,\ 1)$, $B(8,\ 9)$가 있다. 선분 AB의 길이는?

① 13

② $\sqrt{31}$

③ 10

④ 5

03 좌표평면 위의 두 점 $A(-1,\ 1)$, $B(-3,\ 2)$에 대하여 선분 AB의 길이는?

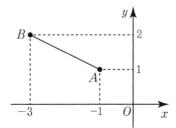

① 1

② $\sqrt{5}$

③ $\sqrt{7}$

④ 3

04 두 점 $O(0, 0)$, $A(-6, -8)$ 사이의 거리는?

① 10   ② 5

③ 13   ④ $\sqrt{14}$

05 좌표평면 위의 두 점 $A(1, 2)$, $B(9, 0)$을 이은 선분 AB의 중점의 좌표는?

① $(10, 2)$ ② $(1, 3)$

③ $(5, 1)$ ④ $(5, 5)$

06 좌표평면 위의 두 점 $A(1, 2)$, $B(5, 8)$에 대하여 선분 AB의 중점 M의 좌표는?

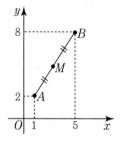

① $(2, 3)$

② $(3, 5)$

③ $(4, 6)$

④ $(5, 3)$

07 좌표평면 위의 두 점 $A(3, 4)$, $B(a, b)$에 대하여 선분 AB의 중점이 $(5, 6)$일 때, $a + b$의 값은?

① 9   ② 11

③ 13   ④ 15

08 좌표평면 위의 두 점 $A(4, 5)$, $B(9, 15)$에 대하여 선분 AB를 3:2로 내분하는 점의 좌표는?

① $(8, 12)$ ② $(5, 14)$

③ $(7, 11)$ ④ $(2, 1)$

09 좌표평면 위의 두 점 $A(4, 1)$, $B(9, 6)$에 대하여 선분 AB를 2:3으로 내분하는 점의 좌표는?

① $(4, 4)$ ② $(6, 3)$

③ $(2, 6)$ ④ $(6, 5)$

10 좌표평면 위의 두 점 $A(5, 2)$, $B(8, 3)$에 대하여 선분 AB를 3:2로 외분하는 점의 좌표는?

① $(8, 12)$ ② $(14, 5)$

③ $(7, 11)$ ④ $(2, 1)$

정답 : 1. ②   2. ③   3. ②   4. ①   5. ③   6. ②   7. ④   8. ③   9. ②   10. ②

직선의 방정식

01 직선의 방정식

> **직선의 방정식**
>
> $y = mx + n$이라는 일차함수식에서 m : 기울기, n : y절편 이다.

● 기본문제

1. 일차함수 $y = 4x + 1$의 기울기와 y절편을 구하시오.

 풀이/정답

일차함수 $y = 4x + 1$에서 기울기는 4이고 y절편은 1이다.

답 | 기울기 : 4, y절편 : 1

2. 일차함수 $y = 2x + 6$에 대한 설명 중 <u>잘못된</u> 것은?

① 기울기가 2이다.   ② y절편은 6이다.

③ (1, 8)을 지난다.   ④ (2, 9)를 지난다.

 풀이/정답

④ (2, 9)를 대입하면 성립하지 않는다.

답 | ④

3. 직선 $x + 2y - 4 = 0$ 의 기울기와 y절편을 구하시오.

풀이/정답

일차함수 $x + 2y - 4 = 0$을 변형하면 $y = -\dfrac{1}{2}x + 2$이다. 기울기는 $-\dfrac{1}{2}$이고 y절편은 2이다.

답 | 기울기 : $-\dfrac{1}{2}$, y절편 : 2

기울기와 y절편을 알 때, 직선의 방정식 찾기

기울기가 m 이고 y절편이 n인 직선의 방정식은 $y = mx + n$이다.

y절편이 $n \Leftrightarrow (0,\ n)$ 을 지난다.

● **기본문제**

1. 다음 직선의 방정식을 구하여라.

(1) 기울기가 3이고 y절편이 6인 직선

(2) 기울기가 1이고 y절편이 -2인 직선

(3) 기울기가 $\dfrac{1}{2}$ 이고 점 $(0,\ 2)$를 지나는 직선

풀이/정답

(1) 기울기가 3이고 y절편이 6인 직선은 $y = 3x + 6$이다.

(2) 기울기가 1이고 y절편이 -2인 직선은 $y = x - 2$이다.

(3) 기울기가 $\dfrac{1}{2}$ 이고 점 $(0,\ 2)$를 지나는 직선은 $y = \dfrac{1}{2}x + 2$ 이다.

답 | (1) $y = 3x + 6$ (2) $y = x - 2$ (3) $y = \dfrac{1}{2}x + 2$

2. 기울기가 3이고 y절편이 2인 직선이 점 $(2, k)$를 지날 때, 상수 k의 값은?

풀이/정답

$y = 3x + 2$에 $(2, k)$를 대입하면 $k = (3 \times 2) + 2$이다. 따라서 $k = 8$

답 | 8

기울기와 한 점을 지나는 직선의 방정식

기울기가 m이고, 한 점 $A(x_1, y_1)$을 지나는 직선의 방정식

$y = mx + n$ 식을 세우고 $A(x_1, y_1)$을 대입하여 n을 찾는다.

● **기본문제**

1. 다음 직선의 방정식을 구하여라.

(1) 기울기가 3이고 점 $(1, 4)$를 지나는 직선

(2) 기울기가 2이고, 점 $(3, 8)$을 지나는 직선

(3) 기울기가 -2이고 점 $(1, 2)$를 지나는 직선

풀이/정답

(1) 기울기가 3이므로 $y = 3x + n$이라 식을 세우고 점 $(1, 4)$를 대입한다.
    즉, $4 = (3 \times 1) + n \Rightarrow n = 1$

(2) 기울기가 2이므로 $y = 2x + n$이라 식을 세우고 점 $(3, 8)$을 대입한다.
    즉, $8 = (2 \times 3) + n \Rightarrow n = 2$

(3) 기울기가 -2이므로 $y = -2x + n$이라 식을 세우고 점 $(1, 2)$를 대입한다.
    즉, $2 = (-2 \times 1) + n \Rightarrow n = 4$

답 | (1) $y = 3x + 1$ (2) $y = 2x + 2$ (3) $y = -2x + 4$

2. 기울기가 2이고 점 (1, 5)를 지나는 직선이 점 (3, k)를 지날 때, 상수 k의 값은?

 풀이/정답

$y = 2x + n$에 (1, 5)를 대입하면 $5 = (2 \times 1) + n$이다. 따라서 $n = 3$

$y = 2x + 3$에 점 (3, k)를 대입하면 $k = (2 \times 3) + 3$이다. 따라서 $k = 9$

답 | 9

두 점을 지나는 직선의 방정식

서로 다른 두 점 $A(x_1, y_1)$과 $B(x_2, y_2)$를 지나는

직선의 기울기 : $\dfrac{y의\ 증가량}{x의\ 증가량} = \dfrac{y_2 - y_1}{x_2 - x_1} = m$

$y = mx + n$ 식을 세우고 $A(x_1, y_1)$ 또는 $B(x_2, y_2)$를 대입하여 n을 찾는다.

● **기본문제**

1. 두 점 (1, 3), (4, 6)을 지나는 직선의 방정식은?

 풀이/정답

(1, 3), (4, 6)을 지나는 직선의 기울기는 $\dfrac{6 - 3}{4 - 1} = 1$ 이다.

따라서 $y = x + n$에 점 (1, 3)를 대입하면 $3 = (1 \times 1) + n$이다. 따라서 $n = 2$

답 | $y = x + 2$

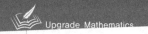

2. 두 점 $(2, 1)$, $(4, 7)$을 지나는 직선의 방정식은?

 풀이/정답

$(2, 1)$, $(4, 7)$을 지나는 직선의 기울기는 $\dfrac{7-1}{4-2} = 3$ 이다.

따라서 $y = 3x + n$에 점 $(2, 1)$를 대입하면 $1 = 3 \times 2 + n$이다. 따라서 $n = -5$

답 ι $y = 3x - 5$

그래프의 기울기와 y절편의 부호

1) 증가하는 직선의 기울기 부호는 양수, 감소하는 직선의 기울기 부호는 음수

2) y절편은 직선이 y축을 지날 때, 원점 윗부분을 지나면 양수, 원점 아랫부분을 지나면 음수

예 $y = mx + n$의 그래프이다. m, n의 부호를 구하여라.

① 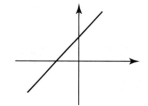 ②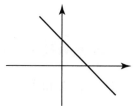

③ 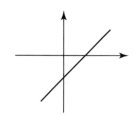 ④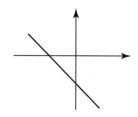

답 : ① $m > 0$, $n > 0$ ② $m < 0$, $n > 0$

③ $m > 0$, $n < 0$ ④ $m < 0$, $n < 0$

1. 다음 그래프는 일차함수 $y = ax + b$를 나타낸 것이다. 이 때, a, b의 부호로 옳은 것은?

① $a > 0, \ b > 0$

② $a < 0, \ b > 0$

③ $a > 0, \ b < 0$

④ $a < 0, \ b < 0$

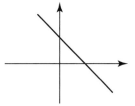

 풀이/정답

주어진 그래프는 감소하는 그래프이며 원점의 윗부분을 지난다. $a < 0, \ b > 0$

답 | ②

그래프를 보고 직선의 방정식 찾기

직선의 기울기는 $\dfrac{y의 \ 증가량}{x의 \ 증가량} = -\dfrac{y절편}{x절편}$, ($y$절편은 y축 위의 점)

예 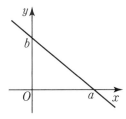 $\Rightarrow y = -\dfrac{b}{a}x + b$

y축에 평행한 직선

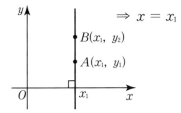 $\Rightarrow x = x_1$

x축에 평행한 직선

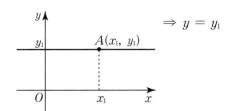 $\Rightarrow y = y_1$

● **기본문제**

1. 다음 그래프가 나타내는 직선의 방정식을 구하여라.

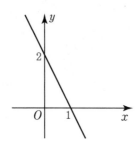

 풀이/정답

그래프의 기울기는 $-\dfrac{y\text{절편}}{x\text{절편}} = -\dfrac{2}{1} = -2$ 이고 y절편은 2이다.

답ㅣ $y = -2x + 2$

2. 다음 그래프가 나타내는 직선의 방정식을 구하여라.

(1)

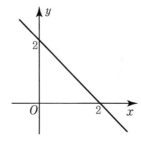

(2)

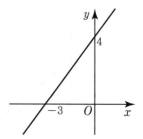

 풀이/정답

(1) 그래프의 기울기는 $-\dfrac{y\text{절편}}{x\text{절편}} = -\dfrac{2}{2} = -1$ 이고 y절편은 2이다.

(2) 그래프의 기울기는 $-\dfrac{y\text{절편}}{x\text{절편}} = -\dfrac{4}{-3} = \dfrac{4}{3}$ 이고 y절편은 4이다.

답ㅣ (1) $y = -x + 2$ (2) $y = \dfrac{4}{3}x + 4$

3. 다음 그래프가 나타내는 직선의 방정식을 구하여라.

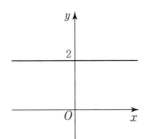

풀이/정답

그래프의 기울기는 0이고 y절편은 2이다.

답 ǀ $y = 2$

4. 좌표평면에서 두 점 $A(2, \ -1)$, $B(2, \ 3)$을 지나는 직선의 방정식을 구하시오.

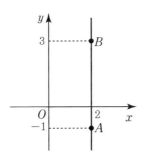

풀이/정답

y축과 평행한 직선의 방정식은 $x = k$ 형태 이다.

답 ǀ $x = 2$

5. 직선 $y = mx + n$의 그래프가 아래 그림과 같을 때, $m + n$의 값은?

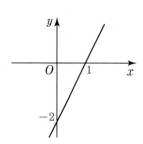

① -1

② 0

③ 1

④ 2

 풀이/정답

그래프의 기울기는 $-\dfrac{y\text{절편}}{x\text{절편}} = -\dfrac{-2}{1} = 2$ 이고 y절편은 -2이다.

$m = 2, \ n = -2$

답 | ②

---

02 두 직선의 위치관계

두 직선의 평행과 수직점

두 직선 $y = mx + n$, $y = m'x + n'$이 평행할 조건은

$\qquad m = m', \ n \neq n'$

두 직선 $y = mx + n$, $y = m'x + n'$이 수직일 조건은

$\qquad m \times m' = -1$ (즉, 기울기가 서로 역수의 부호반대)

예 (1) $y = ax + b$에 평행인 직선

$\qquad y = ax + b$

$\qquad y = ax + b'$ ┃ 평행이므로 기울기를 똑같이 둔다.

(2) $y = ax + b$에 수직인 직선

$\qquad y = ax + b$

$\qquad y = -\dfrac{1}{a}x + b'$ ┃ 수직이므로 기울기의 부호를 바꾸고 역수로 둔다.

1. 두 직선 $y = 3x - 5$와 $y = mx + 1$이 서로 평행할 때, m 값은?

풀이/정답

두 직선이 서로 평행하기 위해서는 기울기가 같아야 한다. 따라서 $m = 3$

답 | 3

2. 두 직선 $y = 2x + 2$와 $y = mx + 3$이 서로 수직일 때, m 값은?

풀이/정답

두 직선이 서로 수직이기 위한 조건은 기울기가 서로 부호반대, 역수이다.
따라서 $m = -\dfrac{1}{2}$

답 | $-\dfrac{1}{2}$

3. $y = 2x + 3$과 평행하고 점 $(1, 1)$을 지나는 직선의 방정식은?

풀이/정답

$y = 2x + 3$과 평행한 직선은 $y = 2x + n$이다. 이 식에 $(1, 1)$을 대입하면
$1 = 2 \times 1 + n$이다. 따라서 $n = -1$

답 | $y = 2x - 1$

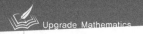
4. $y = 4x + 1$과 수직이고, 점 $(0, 3)$을 지나는 직선의 방정식은?

 풀이/정답

$y = 4x + 1$과 수직인 직선은 $y = -\dfrac{1}{4}x + n$ 이다. $(0, 3)$을 지나므로 y절편은 3이다.

답 | $y = -\dfrac{1}{4}x + 3$

03 점과 직선 사이의 거리

점과 직선 사이의 거리

점 $P(x_0, y_0)$와 직선 $ax + by + c = 0$

사이의 거리는 $\dfrac{|ax_0 + by_0 + c|}{\sqrt{a^2 + b^2}}$

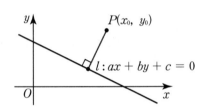

예를 들어, 점 $(3, 2)$와 직선 $4x - 3y - 1 = 0$

사이의 거리는 $\dfrac{|4 \cdot 3 + (-3) \cdot 2 - 1|}{\sqrt{4^2 + (-3)^2}} = \dfrac{5}{5} = 1$

이다.

● 기본문제

1. 다음 점과 직선 사이의 거리를 구하여라.

(1) $(0, 0)$, $3x + 4y + 10 = 0$　　　　　(2) $(2, 1)$, $6x + 8y - 5 = 0$

 풀이/정답

(1) 점 $(0, 0)$과 직선 $3x + 4y + 10 = 0$ 사이의 거리는
$\dfrac{|3 \times 0 + 4 \times 0 + 10|}{\sqrt{3^2 + 4^2}} = \dfrac{10}{\sqrt{25}} = 2$

(2) 점 $(2, 1)$과 직선 $6x + 8y - 5 = 0$ 사이의 거리는
$\dfrac{|6 \times 2 + 8 \times 1 - 5|}{\sqrt{6^2 + 8^2}} = \dfrac{15}{\sqrt{100}} = \dfrac{15}{10} = \dfrac{3}{2}$

답 | (1) 2　　(2) $\dfrac{3}{2}$

Exercises

11 기울기가 2이고, 점 $(1, 4)$를 지나는 직선의 방정식은?

① $y = 2x + 2$ ② $y = x + 5$

③ $y = 2x + 4$ ④ $y = x + 4$

12 직선 $y = 3x + 3$에 대한 설명으로 <u>잘못된</u> 것은?

① 기울기는 3이다.   ② y절편은 3이다.

③ x절편은 3이다.   ④ 점 $(1, 6)$을 지난다.

13 두 점 $(2, 9)$, $(4, 5)$를 지나는 직선의 기울기는?

① 2   ② 3

③ -2 ④ -3

14 다음 그래프의 방정식으로 옳은 것은?

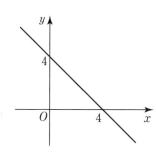

① $y = x + 4$

② $y = -2x + 4$

③ $y = 4x + 4$

④ $y = -x + 4$

15 다음 그래프의 방정식으로 옳은 것은?

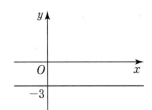

① $y = 3$

② $y = -3$

③ $x = 3$

④ $x = -3$

16 다음 그래프의 방정식으로 옳은 것은?

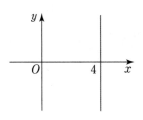

① $y = 4$

② $y = -4$

③ $x = 4$

④ $x = -4$

17 직선 $y = 2x + 2$에 평행이고, y절편이 -1인 직선의 방정식은?

① $y = 2x + 1$

② $y = 2x - 1$

③ $y = 3x$

④ $y = 3x - 2$

18 직선 $y = -3x$에 수직이고, y절편이 -1인 직선의 방정식은?

① $y = -3x - 1$ ② $y = \dfrac{1}{3}x - 1$

③ $y = 3x - 1$ ④ $y = -\dfrac{1}{3}x - 1$

19 직선 $2x + y = 0$에 평행이고, $(0, 1)$을 지나는 직선의 방정식은?

① $y = 2x + 1$ ② $y = -2x + 1$

③ $y = \dfrac{1}{2}x + 1$ ④ $y = -\dfrac{1}{2}x + 1$

20 직선 $4x + 3y + 1 = 0$과 점 $C(0, 0)$ 사이의 거리는?

① 1 ② $\dfrac{1}{5}$

③ $\dfrac{4}{5}$ ④ 2

정답 : 11. ①   12. ③   13. ③   14. ④   15. ②   16. ③   17. ②   18. ②   19. ②   20. ②

03 원의 방정식

01 원의 방정식

원의 정의

평면 위의 한 점 O에서 같은 거리에 있는 점들의 집합을 원이라고 한다. 이때 점 O는 원의 중심이라 하고, 중심과 원 위의 한 점을 이은 선분을 반지름이라고 한다.

원의 방정식(표준형)

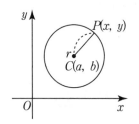

점 $C(a,\ b)$를 중심으로 하고 반지름의 길이가 r인 원 위의 한 점을 $P(x,\ y)$라 하면 $\overline{CP} = r$이므로

$$\sqrt{(x-a)^2 + (y-b)^2} = r$$

$$\therefore (x-a)^2 + (y-b)^2 = r^2$$

$(x-a)^2 + (y-b)^2 = r^2$의 중심은 $(a,\ b)$, 반지름은 r이다.

● 기본문제

1. 다음 원의 중심과 반지름의 길이를 구하여라.

(1) $x^2 + y^2 = 9$

(2) $(x-1)^2 + y^2 = 25$

(3) $x^2 + (y-2)^2 = 6$

(4) $(x+2)^2 + (y+2)^2 = 4$

풀이/정답

답 | (1) 중심 $(0,\ 0)$, 반지름 3　　(2) 중심 $(1,\ 0)$, 반지름 5

　　(3) 중심 $(0,\ 2)$, 반지름 $\sqrt{6}$　　(4) 중심 $(-2,\ -2)$, 반지름 2

2. 원의 방정식 $(x - 2)^2 + (y - 3)^2 = 9$의 중심을 (a, b), 반지름을 r이라 할 때, $a + b + r$의 값을 구하시오.

풀이/정답

주어진 원의 중심은 $(2, 3)$이고, 반지름은 3이므로 $a = 2$, $b = 3$, $r = 3$이다.
따라서 $a + b + r = 8$

답 ⏐ 8

· **원의 방정식(일반형)**

$x^2 + y^2 + Ax + By + C = 0$

· $x^2 + y^2 + Ax + By + C = 0$의 형태는 표준형 $(x - a)^2 + (y - b)^2 = r^2$의 형태로 고친 후 중심과 반지름을 찾는다.

※ 자주 쓰는 완전제곱식 (외울 것)

$(x \pm 1)^2 = x^2 \pm 2x + 1$ $(x \pm 2)^2 = x^2 \pm 4x + 4$

$(x \pm 3)^2 = x^2 \pm 6x + 9$ $(x \pm 4)^2 = x^2 \pm 8x + 16$

$(x \pm 5)^2 = x^2 \pm 10x + 25$ $(x \pm 6)^2 = x^2 \pm 12x + 36$

예 $x^2 + y^2 + 4x + 6y + 12 = 0$의 중심과 반지름을 구하시오.

$x^2 + y^2 + 4x + 6y + 12 = 0$을 표준형의 형태로 고치면

$\Rightarrow (x^2 + 4x + 4) + (y^2 + 6y + 9) = -12 + 4 + 9$

$\Rightarrow (x + 2)^2 + (y + 3)^2 = 1$

따라서 중심은 $(-2, -3)$이고 반지름은 1이다.

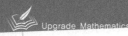
● 기본문제

1. 다음 원의 중심과 반지름의 길이를 구하여라.

(1) $x^2 + y^2 - 9 = 0$

(2) $x^2 + y^2 - 2x - 24 = 0$

(3) $x^2 + y^2 - 4y - 2 = 0$

(4) $x^2 + y^2 + 4x + 4y + 4 = 0$

 풀이/정답

주어진 원의 방정식을 완전제곱식의 형태(표준형)로 고친다.

답 | (1) 중심 $(0, 0)$, 반지름 3   (2) 중심 $(1, 0)$, 반지름 5

　　 (3) 중심 $(0, 2)$, 반지름 $\sqrt{6}$ (4) 중심 $(-2, -2)$, 반지름 2

2. 원의 방정식 $x^2 + y^2 - 4x + 2y + 1 = 0$의 중심을 (a, b), 반지름을 r이라 할 때, $a + b + r$의 값을 구하시오.

 풀이/정답

주어진 원을 표준형으로 고치면 $(x - 2)^2 + (y + 1)^2 = 4$이다. 이 원의 중심은 $(2, -1)$이고, 반지름은 2이므로 $a = 2$, $b = -1$, $r = 2$이다.

따라서 $a + b + r = 3$

답 | 3

원의 방정식 찾기

(1) 중심이 $C(a,\ b)$이고 반지름의 길이가 r인 원의 방정식은

$$(x-a)^2+(y-b)^2=r^2$$

(2) x축 또는 y축에 접하고, 중심의 좌표가 $(a,\ b)$인 원의 방정식은 각각 다음과 같다.

① x축에 접할 때 : $(x-a)^2+(y-b)^2=b^2$

② y축에 접할 때 : $(x-a)^2+(y-b)^2=a^2$

(3) 중심이 $(a,\ b)$이고 $(m,\ n)$을 지나는 원의 방정식

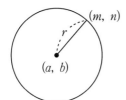

반지름을 r이라 하고 $(x-a)^2+(y-b)^2=r^2$에 $(m,\ n)$을 $x,\ y$에 각각 대입

(4) 점 $(m_1,\ n_1)$과 $(m_2,\ n_2)$가 지름의 양끝인 원의 방정식

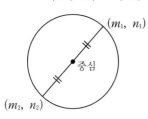

중심 = 중점 = $\left(\dfrac{m_1+m_2}{2},\ \dfrac{n_1+n_2}{2}\right)=(a,\ b)$

라 하고 반지름은 (3)을 이용

1. 다음 원의 방정식을 구하여라.

(1) 중심이 $(2, 1)$이고 반지름의 길이가 2인 원

(2) 중심이 $(-1, 4)$이고 반지름의 길이가 5인 원

 풀이/정답

(1) 중심이 $(2, 1)$이고 반지름의 길이가 2인 원은 $(x-2)^2 + (y-1)^2 = 4$ 이다.

(2) 중심이 $(-1, 4)$이고 반지름의 길이가 5인 원은 $(x+1)^2 + (y-4)^2 = 25$

답 | (1) $(x-2)^2 + (y-1)^2 = 4$ (2) $(x+1)^2 + (y-4)^2 = 25$

2. 다음 주어진 조건을 만족시키는 원의 방정식을 구하여라.

(1) 중심이 $(2, 3)$이고 x축에 접하는 원의 방정식

(2) 중심이 $(1, 2)$이고 y축에 접하는 원의 방정식

 풀이/정답

(1) 중심이 $(2, 3)$이고 x축에 접하는 원은 $(x-2)^2 + (y-3)^2 = 9$ 이다.

(2) 중심이 $(1, 2)$이고 y축에 접하는 원은 $(x-1)^2 + (y-2)^2 = 1$

답 | (1) $(x-2)^2 + (y-3)^2 = 9$ (2) $(x-1)^2 + (y-2)^2 = 1$

3. 다음 주어진 조건을 만족시키는 원의 방정식을 구하여라.

(1) 중심이 $(3, 4)$이고 원점을 지나는 원의 방정식

(2) 중심이 $(1, 2)$이고 $(4, 5)$를 지나는 원의 방정식

 풀이/정답

(1) 중심이 $(3, 4)$인 원은 $(x-3)^2 + (y-4)^2 = r^2$ 이다. 이 식에 원점 즉, $(0, 0)$을 대입하여 r^2을 찾는다.

(2) 중심이 $(1, 2)$인 원은 $(x-1)^2 + (y-2)^2 = r^2$ 이다. 이 식에 주어진 점 $(4, 5)$를 대입하여 r^2을 찾는다.

답 | (1) $(x-3)^2 + (y-4)^2 = 25$ (2) $(x-1)^2 + (y-2)^2 = 18$

4. 다음 주어진 조건을 만족시키는 원의 방정식을 구하여라.

(1) 점 $(1, 2)$와 $(3, 4)$가 지름의 양끝인 원의 방정식

(2) 점 $A(0, 1)$, $B(2, 9)$를 지름의 양끝으로 하는 원의 방정식

 풀이/정답

(1) 점$(1, 2)$와 $(3, 4)$가 지름의 양끝인 원의 중심은 두 점의 중점 즉, $\left(\dfrac{1+3}{2}, \dfrac{2+4}{2}\right) = (2, 3)$ 이다. 중심이 $(2, 3)$인 원은 $(x-2)^2 + (y-3)^2 = r^2$ 이고, 이 식에 주어진 점 $(1, 2)$를 대입하여 r^2을 찾는다.

(2) 점 $A(0, 1)$, $B(2, 9)$를 지름의 양끝으로 하는 원의 중심은 두 점의 중점 즉, $\left(\dfrac{0+2}{2}, \dfrac{1+9}{2}\right) = (1, 5)$이다. 중심이 $(1, 5)$인 원은 $(x-1)^2 + (y-5)^2 = r^2$ 이고, 이 식에 주어진 점 $(0, 1)$을 대입하여 r^2을 찾는다.

답 | (1) $(x-2)^2 + (y-3)^2 = 2$ (2) $(x-1)^2 + (y-5)^2 = 17$

Upgrade Mathematics

5. 다음 그래프에 해당하는 원의 방정식을 구하여라.

(1) 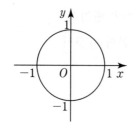　　　　(2)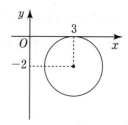

![풀이/정답]

풀이/정답

(1) 주어진 그래프는 중심이 $(0, 0)$이고, 반지름이 1이다.

　　따라서 원의 방정식은 $x^2 + y^2 = 1$ 이다.

(2) 주어진 그래프는 중심이 $(3, -2)$이고, x축에 접하는 원이다.

　　따라서 원의 방정식은 $(x - 3)^2 + (y + 2)^2 = 4$ 이다.

답 | (1) $x^2 + y^2 = 1$　　(2) $(x - 3)^2 + (y + 2)^2 = 4$

21 　중심이 $(0, 0)$이고, 반지름의 길이가 2인 원의 방정식은?

① $x^2 + y^2 = 1$

② $x^2 + y^2 = 2$

③ $x^2 + y^2 = 3$

④ $x^2 + y^2 = 4$

22 　중심이 $(-2, 3)$이고, 반지름의 길이가 5인 원의 방정식은?

① $(x - 2)^2 + (y + 3)^2 = 25$

② $(x + 2)^2 + (y - 3)^2 = 25$

③ $(x - 3)^2 + (y + 2)^2 = 25$

④ $(x + 3)^2 + (y - 2)^2 = 25$

23 　그림과 같이 중심이 $C(2, 1)$이고, 반지름의 길이가 $\sqrt{5}$인 원의 방정식은?

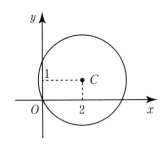

① $(x - 2)^2 + (y - 1)^2 = \sqrt{5}$

② $(x - 2)^2 + (y - 1)^2 = 5$

③ $(x - 1)^2 + (y - 2)^2 = \sqrt{5}$

④ $(x - 1)^2 + (y - 2)^2 = 5$

24 　중심이 $(-1, 2)$이고, 반지름의 길이가 3인 원의 방정식은?

① $x^2 + y^2 + 2x + 4y - 4 = 0$

② $x^2 + y^2 - 2x + 4y - 4 = 0$

③ $x^2 + y^2 + 2x - 4y - 4 = 0$

④ $x^2 + y^2 - 2x - 4y - 4 = 0$

25 중심이 $(-4, -1)$이고, x축에 접하는 원의 방정식은?

① $(x + 4)^2 + (y + 1)^2 = 1$

② $(x - 4)^2 + (y - 1)^2 = 1$

③ $(x - 4)^2 + (y - 1)^2 = 16$

④ $(x + 4)^2 + (y + 1)^2 = 16$

26 중심이 $(5, 7)$이고, y축에 접하는 원의 방정식은?

① $(x + 5)^2 + (y + 7)^2 = 25$

② $(x + 5)^2 + (y + 7)^2 = 49$

③ $(x - 5)^2 + (y - 7)^2 = 25$

④ $(x - 5)^2 + (y - 7)^2 = 49$

27 중심의 좌표가 $(-2, -1)$이고 y축에 접하는 원의 방정식은?

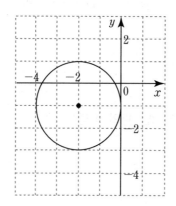

① $(x + 2)^2 + (y + 1)^2 = 4$

② $(x - 2)^2 + (y - 1)^2 = 4$

③ $(x + 1)^2 + (y + 2)^2 = 1$

④ $(x - 1)^2 + (y - 2)^2 = 1$

28 그림과 같이 중심이 $(3, 2)$이고 원점을 지나는 원의 방정식은?

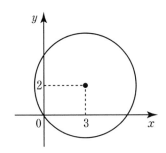

① $(x - 3)^2 + (y - 2)^2 = 4$

② $(x - 2)^2 + (y - 3)^2 = 9$

③ $(x - 3)^2 + (y - 2)^2 = 13$

④ $(x - 2)^2 + (y - 3)^2 = 25$

29 $(5, 2), (3, 0)$을 지름의 양끝으로 하는 원의 방정식은?

① $(x - 5)^2 + (y - 2)^2 = 5$

② $(x - 4)^2 + (y - 1)^2 = 2$

③ $(x - 1)^2 + (y - 4)^2 = 5$

④ $(x - 4)^2 + (y - 1)^2 = 4$

30 $x^2 + y^2 + 2x + 4y + 1 = 0$의 중심의 좌표와 반지름의 길이는?

① 중심 : $(-2, -4)$, 반지름 : 1

② 중심 : $(1, 2)$, 반지름 : 2

③ 중심 : $(-1, -2)$, 반지름 : 2

④ 중심 : $(1, 2)$, 반지름 : 1

정답 : 21. ④　22. ②　23. ②　24. ③　25. ①　26. ③　27. ①　28. ③　29. ②　30. ③

04 도형의 이동

01 평행이동

점의 평행이동

점 $P(x,\ y)$를 x축 방향으로 a만큼, y축 방향으로 b만큼 평행이동한 점 P'은

$$P'(x+a,\ y+b)$$

예를 들어, 점 $P(2,\ 3)$을 x축 방향으로 1만큼, y축 방향으로 -4만큼 평행이동한 점의 좌표는 $(2+1,\ 3-4)$, 즉 $(3,\ -1)$이다.

● 기본문제

1. 다음 점을 x축의 방향으로 1만큼, y축의 방향으로 3만큼 평행이동한 점의 좌표를 구하여라.

(1) $(0,\ 0)$

(2) $(2,\ 4)$

(3) $(-1,\ 1)$

 풀이/정답

(1) $(0,\ 0)$을 x축의 방향으로 1만큼, y축의 방향으로 3만큼 평행이동한 점은
$(0+1,\ 0+3)$

(2) $(2,\ 4)$를 x축의 방향으로 1만큼, y축의 방향으로 3만큼 평행이동한 점은
$(2+1,\ 4+3)$

(3) $(-1,\ 1)$을 x축의 방향으로 1만큼, y축의 방향으로 3만큼 평행이동한 점은
$(-1+1,\ 1+3)$

답 | (1) $(1,\ 3)$ (2) $(3,\ 7)$ (3) $(0,\ 4)$

2. 다음 점을 x축의 방향으로 -3만큼, y축의 방향으로 2만큼 평행이동한 점의 좌표를 구하여라.

(1) $(2, -5)$

(2) $(-3, 1)$

(3) $(0, -3)$

 풀이/정답
- -

(1) $(2, -5)$를 x축의 방향으로 -3만큼, y축의 방향으로 2만큼 평행이동한 점은
$(2-3, \ -5+2)$

(2) $(-3, 1)$을 x축의 방향으로 -3만큼, y축의 방향으로 2만큼 평행이동한 점은
$(-3-3, \ 1+2)$

(3) $(0, -3)$을 x축의 방향으로 -3만큼, y축의 방향으로 2만큼 평행이동한 점은
$(0-3, \ -3+2)$

답 | (1) $(-1, -3)$　　(2) $(-6, 3)$　　(3) $(-3, -1)$

3. 평행이동 $f : (x, \ y) \rightarrow (x-1, \ y+2)$에 의하여 점 $(3, 4)$가 옮겨지는 점은?

 풀이/정답
- -

$(3, 4)$를 x축의 방향으로 -1만큼, y축의 방향으로 2만큼 평행이동한 점은
$(3-1, 4+2) = (2, 6)$

답 | $(2, 6)$

도형의 평행이동

방정식 $f(x, y) = 0$이 나타내는 도형을 x축의 방향으로 a만큼, y축의 방향으로 b 만큼 평행이동한 도형의 방정식은

$$f(x - a, \ y - b) = 0$$

즉, 식(등식)에 대입할 때는 x대신 $\boxed{x - a}$를 대입하고 y대신 $\boxed{y - b}$를 대 입한다.

예를 들어, 원 $x^2 + y^2 = 4$를 x축의 방향으로 1만큼, y축의 방향으로 -1만큼 평 행이동한 원의 방정식은 $(x - 1)^2 + (y + 1)^2 = 4$이다.

● **기본문제**

1. x축의 방향으로 2만큼, y축의 방향으로 -1만큼 평행이동에 의하여 원 $x^2 + y^2 = 2$가 옮겨지는 원의 방정식을 구하여라.

 풀이/정답

$x^2 + y^2 = 2$의 식에 x대신 $x - 2$를 y대신 $y + 1$을 대입하면
$(x - 2)^2 + (y + 1)^2 = 2$

답 ㅣ $(x - 2)^2 + (y + 1)^2 = 2$

2. 다음 방정식이 나타내는 도형을 x축 방향으로 2만큼, y축 방향으로 3만큼 평행이 동한 도형의 방정식을 구하여라.

(1) $x^2 + y^2 = 1$ (2) $y = x^2$

(3) $y = \dfrac{1}{x}$ (4) $y = \sqrt{x}$

풀이/정답

(1) $x^2 + y^2 = 1$의 식에 x대신 $x - 2$를, y대신 $y - 3$을 대입하면

$(x - 2)^2 + (y - 3)^2 = 1$

(2) $y = x^2$의 식에 x대신 $x - 2$를, y대신 $y - 3$을 대입하면

$y - 3 = (x - 2)^2$

(3) $y = \dfrac{1}{x}$의 식에 x대신 $x - 2$를, y대신 $y - 3$을 대입하면

$y - 3 = \dfrac{1}{x - 2}$

(4) $y = \sqrt{x}$의 식에 x대신 $x - 2$를, y대신 $y - 3$을 대입하면

$y - 3 = \sqrt{x - 2}$

답ㅣ (1) $(x - 2)^2 + (y - 3)^2 = 1$ (2) $y = (x - 2)^2 + 3$

(3) $y = \dfrac{1}{x - 2} + 3$ (4) $y = \sqrt{x - 2} + 3$

02 대칭이동

대칭이동

대칭축(점)	점 $P(x, y)$의 대칭이동	도형 $f(x, y) = 0$의 대칭이동
x축	$(x, -y)$	$f(x, -y) = 0$
y축	$(-x, y)$	$f(-x, y) = 0$
원점	$(-x, -y)$	$f(-x, -y) = 0$
직선 $y = x$	(y, x)	$f(y, x) = 0$

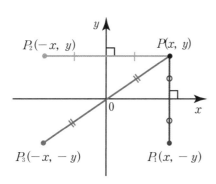

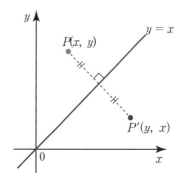

● 기본문제

1. 점 $(3, 4)$를 다음에 대하여 대칭이동한 점의 좌표를 구하여라.

(1) x축

(2) y축

(3) 원점

(4) $y = x$

 풀이/정답

(1) y의 부호를 반대로 하면 $(3, -4)$

(2) x의 부호를 반대로 하면 $(-3, 4)$

(3) x, y의 부호를 둘 다 반대로 하면 $(-3, -4)$

(4) x, y의 자리를 바꾸면 $(4, 3)$

답 | (1) $(3, -4)$　　(2) $(-3, 4)$　　(3) $(-3, -4)$　　(4) $(4, 3)$

2. 점 $(2, -5)$를 주어진 조건에 따라 알맞게 대칭이동한 점의 좌표를 찾아 선으로 연결하여라.

(1) | x축에 대한 대칭이동 |　　●　　　　　　●　| $(-2, -5)$ |

(2) | y축에 대한 대칭이동 |　　●　　　　　　●　| $(-2, 5)$ |

(3) | 원점에 대한 대칭이동 |　　●　　　　　　●　| $(2, 5)$ |

 풀이/정답

답 |

(1) | x축에 대한 대칭이동 |　●　　　　　●　| $(-2, -5)$ |

(2) | y축에 대한 대칭이동 |　●　　　　　●　| $(-2, 5)$ |

(3) | 원점에 대한 대칭이동 |　●　　　　　●　| $(2, 5)$ |

3. 직선 $y = 2x + 1$을 다음에 대하여 대칭이동한 도형의 방정식을 구하여라.

(1) x축

(2) y축

(3) 원점

(4) $y = x$

풀이/정답

(1) y대신에 $-y$를 대입하면 $-y = 2x + 1$, 정리하면 $y = -2x - 1$

(2) x대신에 $-x$를 대입하면 $y = -2x + 1$

(3) x대신에 $-x$, y대신에 $-y$를 대입하면 $-y = -2x + 1$, 정리하면 $y = 2x - 1$

(4) x대신에 y, y대신에 x를 대입하면 $x = 2y + 1$, 정리하면 $y = \frac{1}{2}x - \frac{1}{2}$

답 | (1) $y = -2x - 1$ (2) $y = -2x + 1$

(3) $y = 2x - 1$ (4) $y = \frac{1}{2}x - \frac{1}{2}$

4. 좌표평면 위에 점 $A(2, 3)$이 있다. 점 A를 x축에 대하여 대칭이동한 점을 B라 할 때, 선분 AB의 길이는?

풀이/정답

$A(2, 3)$을 x축에 대하여 대칭이동한 점 B는 $B(2, -3)$. 따라서 선분 AB의 길이는 6이다.

답 | 6

5. 좌표평면 위에 점 $A(2, 3)$이 있다. 점 A를 y축에 대하여 대칭이동한 점을 B라 할 때, 선분 AB의 길이는?

풀이/정답

$A(2, 3)$을 y축에 대하여 대칭이동한 점 B는 $B(-2, 3)$. 따라서 선분 AB의 길이는 4이다.

답 | 4

Exercises

31 좌표평면 위의 점 $(4, 3)$을 x축의 방향으로 1만큼, y축의 방향으로 2만큼 평행이동한 점의 좌표는?

① $(3, 5)$　　　　　　　　　② $(3, 6)$

③ $(5, 5)$　　　　　　　　　④ $(1, 5)$

32 좌표평면 위의 점 $(5, 1)$을 x축의 방향으로 -2만큼, y축의 방향으로 4만큼 평행이동한 점의 좌표는?

① $(7, 2)$　　　　　　　　　② $(1, 5)$

③ $(-2, -3)$　　　　　　　④ $(3, 5)$

33 $x^2 + y^2 = 1$을 x축의 방향으로 1만큼, y축의 방향으로 2만큼 평행이동한 원의 방정식은?

① $(x - 1)^2 + (y - 2)^2 = 1$　　② $(x + 1)^2 + (y + 2)^2 = 1$

③ $(x - 2)^2 + (y - 1)^2 = 1$　　④ $x^2 + y^2 = 4$

34 이차함수 $y = 3x^2$을 x축의 방향으로 2만큼, y축의 방향으로 3만큼 평행이동하면?

① $y = 3(x - 2)^2 + 3$　　　　② $y = (x - 2)^2 - 3$

③ $y = 3(x - 1)^2 + 2$　　　　④ $y = 3(x + 2)^2 + 3$

35 좌표평면 위의 점 $(5, 1)$을 x축에 대하여 대칭이동한 점의 좌표는?

① $(1, 5)$ ② $(5, -1)$

③ $(-5, -1)$ ④ $(-5, 1)$

36 좌표평면 위의 점 $(-2, 5)$를 y축에 대하여 대칭이동한 점의 좌표는?

① $(-5, 2)$ ② $(-2, -5)$

③ $(2, 5)$ ④ $(5, -2)$

37 좌표평면 위의 점 $(-2, 3)$을 원점에 대하여 대칭이동한 점의 좌표는?

① $(2, -3)$ ② $(-2, 3)$

③ $(-2, -3)$ ④ $(3, 2)$

38 좌표평면 위의 점 $(2, 4)$를 직선 $y = x$에 대하여 대칭이동한 점의 좌표는?

① $(-2, 4)$ ② $(2, -4)$

③ $(4, 2)$ ④ $(-2, -4)$

39 원 $(x-3)^2 + (y-2)^2 = 2$를 y축에 대하여 대칭이동한 원의 방정식은?

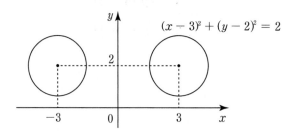

① $(x-3)^2 + (y-2)^2 = 2$

② $(x-3)^2 + (y+2)^2 = 2$

③ $(x+3)^2 + (y-2)^2 = 2$

④ $(x+3)^2 + (y+2)^2 = 2$

40 $y = 2x + 1$을 y축에 대하여 대칭이동하면?

① $y = 2x - 1$ ② $y = -2x + 1$

③ $y = -2x - 1$ ④ $y = \dfrac{1}{2}x - \dfrac{1}{2}$

정답 : 31. ③   32. ④   33. ①   34. ①   35. ②   36. ③   37. ①   38. ③   39. ③   40. ②

IV

·

집합과 명제

1. 집합
2. 명제

01 집합

01 집합의 정의

집합 : 어떤 조건에 의해서 명확하게 구분되는 것들의 모임

원소 : 조건에 의하여 집합 안에 들어가는 것

· a는 집합 A의 원소이다. $\Leftrightarrow$ $a \in A$

· a는 집합 A의 원소가 아니다. $\Leftrightarrow$ $a \notin A$

집합의 표현방법

1) 원소나열법 : 집합에 속하는 모든 원소를 { } 안에 나열하여 집합을 나타내는 방법

2) 조건제시법 : 집합의 원소들이 갖는 공통된 성질을 조건으로 제시하여 집합을 나타내는 방법 ⇒ $\{x \,|\, x$의 조건$\}$으로 나타낸다.

3) 벤 다이어그램 : 집합을 그림으로 나타내는 방법

　예 8의 약수의 집합 A를 나타내는 방법

　　(1) 원소나열법

　　　$A = \{1,\ 2,\ 4,\ 8\}$

　　(2) 조건제시법

　　　$A = \{x \,|\, x$는 8의 약수$\}$

　　(3) 벤 다이어그램

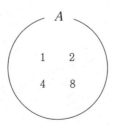

1. 다음 주어진 모임이 집합인 것은?

① 작은 수들의 모임　　　　　② 맛있는 음식의 모임

③ 인기있는 가수들의 모임　　④ 4보다 작은 자연수들의 모임

 풀이/정답

4보다 작은 자연수들의 모임 = {1, 2, 3}이다. 기준이 명확한 것은 ④ 이다.

답 ㅣ ④

2. $A = \{x \mid x$는 6의 약수$\}$일 때, 다음 □ 안에 기호 $\in$, $\notin$ 중 알맞은 것을 써넣어라.

(1) $1 \square A$　　　　　　　　(2) $2 \square A$

(3) $3 \square A$　　　　　　　　(4) $4 \square A$

(5) $5 \square A$　　　　　　　　(6) $6 \square A$

 풀이/정답

$1, 2, 3, 6$은 A의 원소이므로 $\in$
$4, 5$는 A의 원소가 아니므로 $\notin$

답 ㅣ (1) $\in$　　(2) $\in$　　(3) $\in$
　　(4) $\notin$　　(5) $\notin$　　(6) $\in$

3. $A = \{x \mid x$는 4의 약수$\}$에서 옳지 <u>않은</u> 것은?

① $1 \in A$ ② $2 \in A$

③ $3 \in A$ ④ $5 \notin A$

 풀이/정답

$A = \{x \mid x$는 4의 약수$\} = \{1,\ 2,\ 4\}$이다. 3은 A의 원소가 아니다.

답 ㅣ ③

4. 다음 집합 중 나머지 넷과 <u>다른</u> 하나는?

① $\{2,\ 4,\ 6,\ 8\}$ ② $\{x \mid x$는 8이하의 짝수$\}$

③ $\{x \mid x$는 8이하의 2의 배수$\}$ ④ $\{x \mid x$는 8의 약수$\}$

 풀이/정답

$\{x \mid x$는 8의 약수$\} = \{1,\ 2,\ 4,\ 8\}$ 이다.

답 ㅣ ④

5. 오른쪽 벤 다이어그램의 집합 A를 조건제시법으로 바르게 나타낸 것은?

① $\{x \,|\, x$는 8의 약수$\}$

② $\{x \,|\, x$는 16의 약수$\}$

③ $\{x \,|\, x$는 16보다 작은 소수$\}$

④ $\{x \,|\, x$는 16이하의 2의 배수$\}$

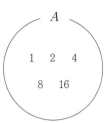

 풀이/정답

$\{x \,|\, x$는 16의 약수$\} = \{1, \ 2, \ 4, \ 8, \ 16\}$ 이다.

답 ｜ ②

---

02 집합의 상등과 부분집합

두 집합이 서로 같다 : 두 집합 A, B의 모든 원소가 같을 때

$A = B$라 한다.

⇒ 두 집합 A, B의 원소가

　모두 같음을 이용하여 미지수를 구한다.

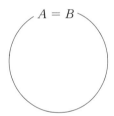

부분집합

1) 부분집합 : 집합 A의 모든 원소가 집합 B에 속할 때, 집합 A는 집합 B의 부분집합

　이라 한다.

2) 집합 A가 집합 B의 부분집합이다.　$A \subset B$

　집합 A가 집합 B의 부분집합이 아니다.　$A \not\subset B$

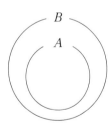

부분집합의 성질

1) 모든 집합은 자기 자신의 부분집합이다.　$A \subset A$

2) 공집합은 모든 집합의 부분집합이다.　$\varnothing \subset A$

　예　$A = \{1, \ 2, \ 3\}$ 일 때, A의 부분집합은 $\varnothing$, $\{1\}$, $\{2\}$, $\{3\}$, $\{1, \ 2\}$,

　　$\{1, \ 3\}$, $\{2, \ 3\}$, $\{1, \ 2, \ 3\}$이다.

※ 부분집합의 개수 구하는 공식 : 2^n (n은 원소 개수)

● 기본문제

1. 두 집합 $A = \{2,\ 4,\ 6\}$, $B = \{2,\ a+1,\ 6\}$에 대하여 $A = B$일 때, a의 값을 구하시오.

 풀이/정답

$A = \{2,\ 4,\ 6\}$이므로 B도 $B = \{2,\ 4,\ 6\}$이어야 한다. 따라서 $a + 1 = 4$이다.

답 | $a = 3$

2. $A = \{x \mid x는\ 6의\ 약수\}$의 부분집합이 <u>아닌</u> 것은?

① $\varnothing$ ② $\{1,\ 2\}$

③ $\{1,\ 2,\ 4\}$ ④ $\{1,\ 2,\ 3,\ 6\}$

 풀이/정답

$A = \{x \mid x는\ 6의\ 약수\} = \{1,\ 2,\ 3,\ 6\}$이다. ③에 $4 \notin A$이다. 따라서 부분집합이 아닌 것은 ③이다.

답 | ③

3. 집합 $A = \{x \,|\, x$는 10보다 작은 소수$\}$에 대하여 다음 중 A의 부분집합이 <u>아닌</u> 것은?

① $\varnothing$

② $\{1\}$

③ $\{2,\ 5,\ 7\}$

④ $\{2,\ 3,\ 5,\ 7\}$

 풀이/정답

$A = \{x \,|\, x$는 10보다 작은 소수$\} = \{2,\ 3,\ 5,\ 7\}$이다. ②에 $1 \notin A$이다. 따라서 부분집합이 아닌 것은 ②이다.

답 । ②

4. $A = \{1,\ 2,\ 4,\ 8\}$에 대하여 다음 중 옳지 <u>않은</u> 것은?

① $1 \in A$

② $\{4\} \in A$

③ $\varnothing \subset A$

④ $\{1,\ 2,\ 4,\ 8\} \subset A$

 풀이/정답

$\{4\} \in A$에서 $\{4\}$는 A의 부분집합이므로 $\in$ 기호 대신 $\subset$ 기호를 써야한다.

답 । ②

5. 집합 $A = \{0,\ 1,\ 2\}$일 때, 다음 중 옳은 것은?

① $0 \subset A$

② $\{1\} \in A$

③ $\varnothing \in A$

④ $\{0,\ 1\} \subset A$

 풀이/정답

① $0 \in A$ ② $\{1\} \subset A$ ③ $\varnothing \subset A$로 기호를 고쳐야 한다.

답 । ④

6. $A = \{x \mid x < 4$인 자연수$\}$의 부분집합의 개수는?

① 2   ② 3

③ 6   ④ 8

풀이/정답

$A = \{x \mid x < 4$인 자연수$\} = \{1, 2, 3\}$이다. A의 원소가 3개이므로 부분집합의 개수는 $2^3 = 8$개이다. 참고로 A의 모든 부분집합은

$\varnothing, \{1\}, \{2\}, \{3\}, \{1, 2\}, \{1, 3\}, \{2, 3\}, \{1, 2, 3\}$ 이다.

답 ⏐ ④

7. 두 집합 $A = \{a, b\}, B = \{a, b, c\}$일 때, 다음 중 옳은 것을 모두 고른 것은? (단, $\varnothing$는 공집합이다.)

> ㄱ. $A \subset B$ ㄴ. $A = B$ ㄷ. $B \subset A$ ㄹ. $\varnothing \subset A$

① ㄱ, ㄴ   ② ㄴ, ㄷ

③ ㄷ, ㄹ   ④ ㄱ, ㄹ

풀이/정답

집합 A가 집합 B에 포함되므로 옳은 것은 ㄱ, ㄹ이다.

답 ⏐ ④

전체집합 U의 두 부분집합 A, B에 대하여

교집합

$A \cap B = \{x \,|\, x \in A \text{ 그리고 } x \in B\}$

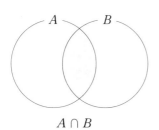

$A \cap B$

합집합

$A \cup B = \{x \,|\, x \in A \text{ 또는 } x \in B\}$

$A \cup B$

차집합

$A - B = \{x \,|\, x \in A \text{ 그리고 } x \notin B\}$

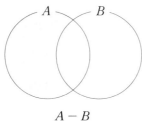

$A - B$

여집합

$A^c = \{x \,|\, x \in U \text{ 그리고 } x \notin A\}$

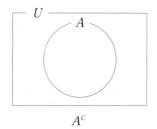

A^c

$U = \{1, 2, 3, 4, 5\}$의 두 부분집합

$A = \{1, 2, 4\}$, $B = \{4, 5\}$일 때, 다음 집합을 구하여라.

① $A \cup B = \{1, 2, 4, 5\}$

② $A \cap B = \{4\}$

③ $A - B = \{1, 2\}$

④ $B - A = \{5\}$

⑤ $A^c = \{3, 5\}$

⑥ $B^c = \{1, 2, 3\}$

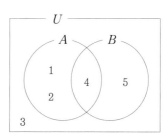

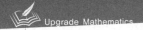

● 기본문제

1. 두 집합 $A = \{x \mid x$는 6의 약수$\}$, $B = \{x \mid x$는 10보다 작은 짝수$\}$일 때, $A \cup B$의 원소의 개수는?

 풀이/정답

$A = \{x \mid x$는 6의 약수$\} = \{1, 2, 3, 6\}$이고
$B = \{x \mid x$는 10보다 작은 짝수$\} = \{2, 4, 6, 8\}$ 이다.
따라서 $A \cup B = \{1, 2, 3, 4, 6, 8\}$ 이다.

답 | 6개

2. 두 집합 $A = \{x \mid x$는 3의 배수$\}$, $B = \{1, 2, 3, 6\}$일 때, $A \cap B$ 원소의 개수는?

 풀이/정답

$A = \{x \mid x$는 3의 배수$\} = \{3, 6, 9, 12, \cdots\}$이고 $B = \{1, 2, 3, 6\}$ 이다.
따라서 $A \cap B = \{3, 6\}$ 이다.

답 | 2개

3. 두 집합 $A = \{2,\ 4,\ 6,\ 8\}$, $B = \{6,\ 7,\ 8\}$에 대하여 다음 집합을 구하면?

(1) $A - B$ (2) $B - A$

 풀이/정답

(1) $A - B$는 A에서 B와 겹치는 것을 지운다. 따라서 $A - B = \{2,\ 4\}$이다.
(2) $B - A$는 B에서 A와 겹치는 것을 지운다. 따라서 $B - A = \{7\}$이다.

답 | (1) $\{2,\ 4\}$ (2) $\{7\}$

4. $U = \{x \mid 1 \le x \le 5$인 자연수$\}$의 부분집합 $A = \{x \mid x$는 4의 약수$\}$일 때, A^c은?

 풀이/정답

A^c은 U에서 A의 원소를 지운다. 따라서 $A^c = \{3,\ 5\}$이다.

답 | $\{3,\ 5\}$

5. 오른쪽 벤 다이어그램에 대하여 다음을 구하시오.

(1) $A \cup B$ (2) $A \cap B$

(3) $A - B$ (4) $B - A$

(5) A^c (6) B^c

(7) $(A \cup B)^c$ (8) $(A \cap B)^c$

(9) $A^c \cap B^c$ (10) $A \cap B^c$

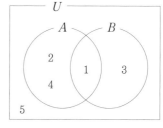

풀이/정답

(1) $A \cup B = \{1, 2, 3, 4\}$ (2) $A \cap B = \{1\}$

(3) $A - B = \{2, 4\}$ (4) $B - A = \{3\}$

(5) $A^c = \{3, 5\}$ (6) $B^c = \{2, 4, 5\}$

(7) $(A \cup B)^c = \{5\}$ (8) $(A \cap B)^c = \{2, 3, 4, 5\}$

(9) $A^c \cap B^c = \{5\}$ (10) $A \cap B^c = \{2, 4\}$

6. 다음 집합을 벤 다이어그램으로 나타내시오.

(1) $(A \cap B)^c$ (2) $(A \cup B)^c$

(3) $A \cap B \cap C$ (4) $A \cup (B \cap C)$

풀이/정답

(1)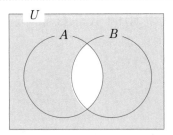

(2)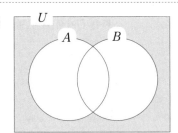

(3)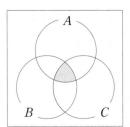

(4)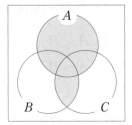

유한집합의 원소 개수

1) 원소의 개수 : 집합 A의 원소의 개수 $n(A)$

2) 여집합의 원소의 개수 (U는 전체집합)

$n(A^c) = n(U) - n(A)$

3) 합집합의 원소의 개수

$n(A \cup B) = n(A) + n(B) - n(A \cap B)$

● 기본문제

1. $A = \{x \mid 2 \leq x \leq 6$인 자연수$\}$일 때, $n(A)$는?

 풀이/정답

$A = \{x \mid 2 \leq x \leq 6$인 자연수$\} = \{2,\ 3,\ 4,\ 5,\ 6\}$이다.
따라서 $n(A) = 5$이다.

답 ㅣ 5

2. $n(U) = 10$, $n(A) = 7$일 때, $n(A^c)$은?

 풀이/정답

$n(A^c) = n(U) - n(A)$이므로 $n(A^c) = 10 - 7 = 3$

답 ㅣ 3

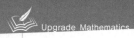

3. $n(A) = 12$, $n(B) = 8$, $n(A \cap B) = 3$일 때, $n(A \cup B)$는?

 풀이/정답

$n(A \cup B) = n(A) + n(B) - n(A \cap B)$이므로 $n(A \cup B) = 12 + 8 - 3 = 17$

답 | 17

4. $n(A) = 5$, $n(B) = 4$, $n(A \cup B) = 7$일 때, $n(A \cap B)$는?

 풀이/정답

$n(A \cup B) = n(A) + n(B) - n(A \cap B)$이므로 $7 = 5 + 4 - n(A \cap B)$
따라서 $n(A \cap B) = 2$이다.

답 | 2

Exercises

단 · 원 · 정 · 리

01 다음 중 집합인 것을 고르면?

① 1에 가까운 수의 모임

② 우리 반에서 혈액형이 O형인 학생의 모임

③ 노래를 잘하는 가수의 모임

④ 책을 많이 읽는 학생의 모임

02 10이하의 홀수의 집합을 A라 할 때, 다음 중 옳은 것을 고르면?

① $3 \in A$ ② $4 \in A$

③ $5 \notin A$ ④ $9 \notin A$

03 두 집합 $A = \{0, 1, a - 1\}$, $B = \{0, 1, 5\}$에 대하여 $A = B$일 때, 상수 a의 값은?

① 6   ② 5

③ 4   ④ 3

04 다음 중 두 집합 $A = \{x \mid x$는 12의 양의 약수$\}$, $B = \{x \mid x$는 6의 양의 약수$\}$ 사이의 관계를 벤 다이어그램으로 바르게 나타낸 것은?

①
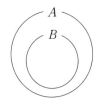

②
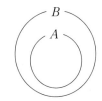

③
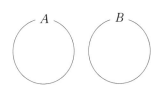

④
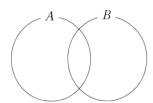

05 두 집합 $A = \{1, 2, 3\}$, $B = \{3, 4\}$에 대하여 합집합 $A \cup B$는?

① $\{1, 2, 3, 4\}$　　　　　　② $\{3\}$

③ $\{4\}$　　　　　　　　　④ $\{1, 2\}$

06 두 집합 $A = \{1, 2, 3\}$, $B = \{2, 3, 4\}$에 대하여 집합 $A \cap B$를 구하면?

① $\{1\}$　　　　　　　　　② $\{2\}$

③ $\{1, 3\}$　　　　　　　　④ $\{2, 3\}$

07 두 집합 $A = \{1, 3, 5, 7\}$, $B = \{3, 4, 5, 8\}$에 대하여, $A - B$는?

① $\{1, 4, 7, 8\}$　　　　　　② $\{3, 5\}$

③ $\{4\}$　　　　　　　　　④ $\{1, 7\}$

08 전체집합 $U = \{1, 3, 5, 7, 9\}$의 부분집합 A에 대하여 $A = \{1, 5\}$일 때, A^c은?

① $\{3, 7, 9\}$　　　　　　　② $\{1, 5\}$

③ $\{2, 3, 5\}$　　　　　　　④ $\{1, 3, 5, 7, 9\}$

09 전체집합 $U = \{1, 2, 3, 4, 5, 6, 7\}$의 두 부분집합 A, B에 대하여
$A = \{1, 2, 3\}$, $B = \{3, 5, 7\}$일 때,
그림과 같이 벤 다이어그램에 색칠한 부분에 속하는 원소는?

① 1

② 2

③ 3

④ 4

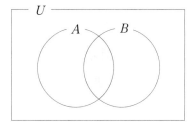

10 전체집합 U의 두 부분집합 A, B에 대하여 다음 벤 다이어그램에서 옳지 <u>않</u>은 것은?

① $A \cup B = \{a, b, c, d, e\}$

② $A \cap B = \{c\}$

③ $A \cap B^c = \{a, b\}$

④ $(A \cup B)^c = \{d, e\}$

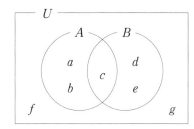

02 명제

01 명제와 조건

명제

1) 참인지 거짓인지 명확하게 판단할 수 있는 문장 또는 식을 명제라고 한다.

2) 'p이면 q이다'의 꼴인 명제를 기호로 '$p \rightarrow q$'로 나타낸다.

3) 명제 '$p \rightarrow q$'에서 p를 가정, q를 결론이라고 한다.

예 다음 세 문장에 대하여 알아보자.

> (가) $2 + 5 = 7$이다.
> (나) 4는 홀수이다.
> (다) 오늘은 참 기분 좋은 날이다.

(가) 참인 명제 (나) 거짓 명제 (다) 명제가 아니다.

조건과 진리집합

1) 조건 $p(x)$: 전체집합 U의 원소 x에 따라 참과 거짓을 판별할 수 있는 문장

2) 진리집합 : 조건 $p(x)$를 참이 되게 하는 x들의 집합

예 자연수 전체집합에 대하여 다음 조건의 진리집합을 구하여라.

(1) x는 4의 약수 : 진리집합 $\{1,\ 2,\ 4\}$

(2) $x + 3 = 5$: 진리집합 $\{2\}$

1. 다음에서 명제인 것을 찾고, 명제인 것은 참, 거짓을 판별하여라.

(1) $3 + 4 > 5$

(2) $\sqrt{2}$ 는 유리수이다.

(3) $x + 1 = 5$

(4) 백두산은 높은 산이다.

 풀이/정답

(1) '$3 + 4 > 5$'는 참인 명제이다.

(2) '$\sqrt{2}$ 는 유리수이다.'는 거짓 명제이다. ($\sqrt{2}$ 는 무리수)

(3) '$x + 1 = 5$' x의 값에 따라 참과 거짓이 바뀌므로 명제가 아니다. (조건)

(4) '백두산은 높은 산이다.'는 명제가 아니다.

답 │ (1) 참인 명제   (2) 거짓 명제   (3) 명제가 아니다.(조건)   (4) 명제가 아니다.

2. 다음 조건들의 진리집합을 구하여라.

(1) x는 8의 약수

(2) $x^2 = 4$

(3) $|x| = 3$

(4) $x - 2 = 1$

 풀이/정답

(1) x는 8의 약수 $\Rightarrow$ $\{1, \ 2, \ 4, \ 8\}$

(2) $x^2 = 4$ $\Rightarrow$ $\{-2, \ 2\}$

(3) $|x| = 3$ $\Rightarrow$ $\{-3, \ 3\}$

(4) $x = 3$ $\Rightarrow$ $\{3\}$

답 │ (1) $\{1, \ 2, \ 4, \ 8\}$ (2) $\{-2, \ 2\}$ (3) $\{-3, \ 3\}$ (4) $\{3\}$

부정

조건 p에 대하여 'p가 아니다.'를 p의 부정이라 하고, 이를 $\sim p$라 한다.

참고) $\sim p$의 부정은 다시 p가 된다.

p	$\sim p$		p	$\sim p$
$x = 1$	$x \neq 1$		$x \neq 2$	$x = 2$
$x > 1$	$x \leq 1$		$x \geq 2$	$x < 2$
이다	아니다		또는	이고,

명제 $p \rightarrow q$의 참과 거짓

조건 p, q의 진리집합을 각각 P, Q라고 할 때

① $P \subset Q$이면 $p \rightarrow q$는 참이다.

② $P \not\subset Q$이면 $p \rightarrow q$는 거짓이다.

● 기본문제

1. 다음 명제 또는 조건의 부정을 말하여라.

(1) $1 + 2 > 4$

(2) x는 유리수가 아니다.

(3) $x \leq 1$

(4) $x^2 - 1 \neq 0$

풀이/정답

(1) '$1 + 2 > 4$'의 부정은 '$1 + 2 \leq 4$'이다.

(2) 'x는 유리수가 아니다.'의 부정은 'x는 유리수이다.'이다.

(3) '$x \leq 1$'의 부정은 '$x > 1$'이다.

(4) '$x^2 - 1 \neq 0$'의 부정은 '$x^2 - 1 = 0$'이다.

답 | (1) $1 + 2 \leq 4$ (2) x는 유리수이다. (3) $x > 1$ (4) $x^2 - 1 = 0$

2. 다음 명제의 참, 거짓을 말하여라.

(1) $x = 1$이면 $x^2 = 1$이다.

(2) $x > 1$이면 $x > 3$이다.

(3) x가 4의 약수이면 x는 8의 약수이다.

(4) $x^2 = 4$이면 $x = 2$이다.

 풀이/정답

(1) 두 조건 '$p : x = 1$'과 '$q : x^2 = 1$'의 진리집합을 각각 P, Q라고 하면
$P = \{1\}$, $Q = \{-1, 1\}$이때, $P \subset Q$이므로 주어진 명제는 참이다.

(2) 두 조건 '$p : x > 1$'와 '$q : x > 3$'의 진리집합을 각각 P, Q라고 하면
$P = \{x \mid x > 1\}$, $Q = \{x \mid x > 3\}$이때, $P \not\subset Q$이므로 주어진 명제는 거짓이다.

(3) 두 조건 '$p : x$가 4의 약수'와 '$q : x$는 8의 약수'의 진리집합을 각각 P, Q라고 하면
$P = \{1, 2, 4\}$, $Q = \{1, 2, 4, 8\}$이때, $P \subset Q$이므로 주어진 명제는 참이다.

(4) 두 조건 '$p : x^2 = 4$'와 '$q : x = 2$'의 진리집합을 각각 P, Q라고 하면
$P = \{-2, 2\}$, $Q = \{2\}$이때, $P \not\subset Q$이므로 주어진 명제는 거짓이다.

답 | (1) 참 (2) 거짓 (3) 참 (4) 거짓

02 명제의 역과 대우

명제의 역

1) 명제 'p이면 q이다.'의 가정과 결론을 서로 바꾸어 놓은 명제 'q이면 p이다.'를 명제의 역이라고 한다.

2) 어떤 명제가 참이라고 해서 그 명제의 역도 반드시 참이 된다고 말할 수 없다.

명제의 대우

1) 명제 'p이면 q이다.'의 가정과 결론을 서로 바꾸고 각각 부정하여 놓은 명제 '$\sim q$이면 $\sim p$이다.'를 명제 'p이면 q이다.'의 대우라고 한다.

2) 명제 $p \rightarrow q$가 참이면 그 대우 $\sim q \rightarrow \sim p$도 참이다.

3) 명제 $p \rightarrow q$가 거짓이면 그 대우 $\sim q \rightarrow \sim p$도 거짓이다.

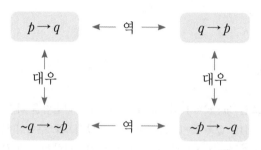

● 기본문제

1. 명제 '이등변삼각형은 정삼각형이다.'의 역과 대우를 말하여라.

 풀이/정답

역 : 정삼각형은 이등변삼각형이다.
대우 : 정삼각형이 아니면 이등변삼각형이 아니다.

2. 명제 'x가 4의 약수이면 x는 8의 약수이다.'의 역과 대우를 말하여라.

 풀이/정답

역 : x가 8의 약수이면 x는 4의 약수이다.
대우 : x가 8의 약수가 아니면 x는 4의 약수가 아니다.

3. 다음 명제의 역, 대우를 빈칸에 각각 써넣어라.

명제	$p \to q$	$a = 0$이면 $ab = 0$이다.	$x > 0$이면 $x^2 \geq 0$이다.
역			
대우			

 풀이/정답

명제	$p \to q$	$a = 0$이면 $ab = 0$이다.	$x > 0$이면 $x^2 \geq 0$이다.
역	$q \to p$	$ab = 0$이면 $a = 0$이다.	$x^2 \geq 0$이면 $x > 0$이다.
대우	$\sim q \to \sim p$	$ab \neq 0$이면 $a \neq 0$이다.	$x^2 < 0$이면 $x \leq 0$이다.

4. 명제가 참일 때, 그 명제의 [　　] 도 항상 참이다. □ 안에 알맞은 용어는?

풀이/정답

명제와 그 대우는 참과 거짓이 항상 일치한다.

답 | 대우

03 필요조건과 충분조건

충분조건, 필요조건

　　$P \subset Q$이면 p는 q이기 위한 충분조건, q는 p이기 위한 필요조건이라고 한다.

필요충분조건

　　$P = Q$이면, p는 q(또는 q는 p)이기 위한 필요충분조건이라고 한다.

● 기본문제

1. 다음 □ 안에 필요 또는 충분 가운데 알맞은 것을 써넣어라.

(1) $x = 1$은 $x^2 = 1$이기 위한 [   ]조건이다.

(2) 'x가 6의 약수'는 'x가 3의 약수'이기 위한 [   ]조건이다.

(3) $|x| = 3$은 $x = 3$이기 위한 [   ]조건이다.

(4) $a = 0$은 $a^2 = 0$이기 위한 [   ]조건이다. (단, a는 실수)

풀이/정답

(1) 두 조건 '$p : x = 1$'과 '$q : x^2 = 1$'의 진리집합을 각각 P, Q라고 하면 $P = \{1\}$, $Q = \{-1,\ 1\}$이다. $P \subset Q$ 이므로 $x = 1$은 $x^2 = 1$이기 위한 [충분]조건이다.

(2) 두 조건 '$p : x$가 6의 약수'와 '$q : x$가 3의 약수'의 진리집합을 각각 P, Q라고 하면 $P = \{1, 2,\ 3,\ 6\}$, $Q = \{1,\ 3\}$이다. $P \supset Q$ 이므로 'x가 6의 약수'는 'x가 3의 약수'이기 위한 [필요]조건이다.

(3) 두 조건 '$p : |x| = 3$'과 '$q : x = 3$'의 진리집합을 각각 P, Q라고 하면 $P = \{-3,\ 3\}$, $Q = \{3\}$이다. $P \supset Q$ 이므로 $|x| = 3$은 $x = 3$이기 위한 [필요]조건이다.

(4) 두 조건 '$p : a = 0$'과 '$q : a^2 = 0$'의 진리집합을 각각 P, Q라고 하면 $P = \{0\}$, $Q = \{0\}$이다. $P = Q$ 이므로 $a = 0$은 $a^2 = 0$이기 위한 [필요충분]조건이다.

답 | (1) 충분   (2) 필요   (3) 필요   (4) 필요충분

Exercises

11 다음 중 명제가 <u>아닌</u> 것은?

① $5 + 2 = 6$이다.

② $x + 1 > 4$이다.

③ $x = 3$이면 $x^2 = 6$이다.

④ 2는 소수이다.

12 다음 식 또는 문장 중에서 명제인 것은?

① $2 + 3 = 6$

② $x^2 - 3x + 2 = 0$

③ x는 2의 배수이다.

④ 수학공부를 많이 해야 한다.

13 다음 중 참인 명제는?

① 8은 홀수이다.

② 9는 3의 약수이다.

③ $x = 1$이면 $x^2 = 1$이다.

④ $x + 1 > 1$이다.

14 명제 '$a = b$이면 $|a| = |b|$이다.'의 역은?

① $|a| \neq |b|$이면 $a \neq b$이다.

② $a \neq b$이면 $|a| \neq |b|$이다.

③ $|a| = |b|$이면 $a = b$이다.

④ $|a| \neq |b|$이면 $a = b$이다.

15 명제 '$a^2 + b^2 = 0$이면 $a = 0$이고 $b = 0$이다.'의 역은?

① $a^2 + b^2 = 0$이면 $a = 0$이고 $b = 0$이다.

② $a^2 + b^2 \neq 0$이면 $a = 0$이고 $b = 0$이다.

③ $a = 0$이고 $b = 0$이면 $a^2 + b^2 = 0$이다.

④ $a \neq 0$ 또는 $b \neq 0$이면 $a^2 + b^2 \neq 0$이다.

16 명제 'q이면 p이다.'의 대우는?

① p이면 q이다.

② $\sim q$이면 $\sim p$이다.

③ $\sim p$이면 $\sim q$이다.

④ $\sim p$이면 q이다.

17 명제 '$p \rightarrow q$'가 참일 때, 다음 중 반드시 참인 것은?

① $q \rightarrow p$ ② $\sim q \rightarrow p$

③ $\sim p \rightarrow \sim q$ ④ $\sim q \rightarrow \sim p$

18 명제 '$b \geq 0$이면 $a \geq 0$이다.'가 참일 때, 항상 참인 명제는?

① $b > 0$이면 $a > 0$이다.

② $a < 0$이면 $b < 0$이다.

③ $b \leq 0$이면 $a \leq 0$이다.

④ $a \leq 0$이면 $b \leq 0$이다.

19 두 조건 p, q가 다음과 같을 때, p는 q이기 위한 무슨 조건인가?

> p : 4의 약수이다.　　　q : 2의 약수이다.

① 충분조건　　　　　　② 필요조건

③ 필요충분조건　　　　④ 부정

20 다음 □ 안에 가장 알맞은 말은?

> $2 < x < 4$는 $2 \leq x \leq 4$ 이기위한 □조건이다.

① 필요　　　　　　　　② 충분

③ 필요충분　　　　　　④ 아무조건도 아님

정답 : 11. ②　12. ①　13. ③　14. ③　15. ③　16. ③　17. ④　18. ②　19. ②　20. ②

V

함 수

01 함수의 뜻

대응과 함수

1) 대응 : 두 집합 X, Y에 대하여 X의 원소에 Y의 원소를 짝지어 주는 것

2) 함수 : 두 집합 X, Y에서 X의 모든 원소 각각에 대하여 Y의 원소가 하나씩 대응
할 때, 그 대응 관계 f를 집합 X에서 Y로의 함수라 하고 다음과 같이 나타낸다.

$$f : X \to Y \quad \text{또는} \quad X \xrightarrow{\ f\ } Y$$

함수의 정의역, 공역, 치역

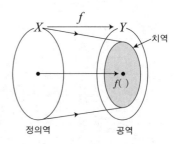

(1) 정의역 : X

(2) 공역 : Y

(3) 치역 : $\{ f(x) \,|\, x \in X \}$ $\Rightarrow$ 선택된 y값

예 집합 X에서 Y로의 함수 f에 대하여

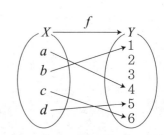

1) X : 함수 f의 정의역 $\Rightarrow$ $\{a,\ b,\ c,\ d\}$

2) Y : 함수 f의 공역 $\Rightarrow$ $\{1,\ 2,\ 3,\ 4,\ 5,\ 6\}$

3) 함숫값 : 함수 f의 치역 $\Rightarrow$ $\{1,\ 4,\ 5,\ 6\}$

● 기본문제

1. 오른쪽 함수를 보고 답하시오.

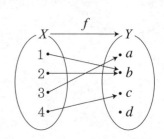

(1) $f(1) =$

(2) $f(2) =$

(3) $f(3) =$

(4) $f(4) =$

풀이/정답

(1) $f(1) = b$　　(2) $f(2) = b$　　(3) $f(3) = a$　　(4) $f(4) = c$

답 | (1) b　(2) b　(3) a　(4) c

2.　$f(x) = 3x - 2$ 일 때, $f(2)$의 값은?

풀이/정답

$f(x) = 3x - 2$식에 $x = 2$를 대입하면 $f(2) = (3 \times 2) - 2 = 4$이다.

답 | 4

3.　$f(x) = x^2 - 2x + 3$에 대하여 $f(1)$의 값은?

풀이/정답

$f(x) = x^2 - 2x + 3$식에 $x = 1$을 대입하면 $f(1) = 1^2 + (-2 \times 1) + 3 = 2$이다.

답 | 2

4.　$f(x) = x^2 + 3x + k$에 대하여 $f(1) = 6$일 때, k값은?

풀이/정답

$f(x) = x^2 + 3x + k$에 $x = 1$을 대입하면 $f(1) = 1^2 + (3 \times 1) + k = 4 + k$이다.
$f(1) = 6$이므로 $4 + k = 6$, 따라서 $k = 2$이다.

답 | 2

5. 함수 $f : X \to Y$가 아래 그림과 같을 때, $f(a) + f(b)$의 값은?

① 3

② 4

③ 5

④ 6

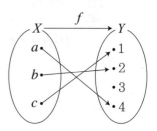

 풀이/정답

$f(a) = 4$, $f(b) = 2$이므로 $4 + 2 = 6$이다.

답ㅣ④

6. 다음 함수의 정의역, 공역, 치역을 구하시오.

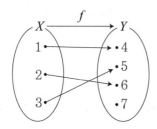

 풀이/정답

정의역은 x값이므로 {1, 2, 3}, 공역은 y값이므로 {4, 5, 6, 7},
치역은 선택된 y값이므로 {4, 5, 6}이다.

답ㅣ정의역 : {1, 2, 3}, 공역 : {4, 5, 6, 7}, 치역 : {4, 5, 6}

함수가 아닌 경우

1) X에 남는 원소가 있는 경우   2) X의 한 원소에 Y의 원소가 두 개 이상 대응할 때

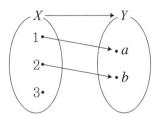   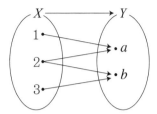

● 기본문제

1. 다음 대응관계 중 함수인 것은?

① 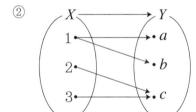   ②

③   ④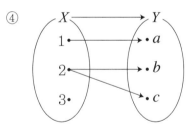

 풀이/정답

대응관계가 함수이기 위해서는 정의역 x의 모든 원소가 하나씩의 화살표를 보내야한다.

답 ㅣ ③

2. 다음 대응관계가 함수인지 아닌지 판별하시오.

(1)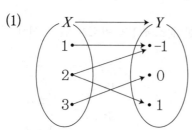

(2)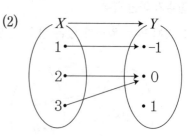

(3)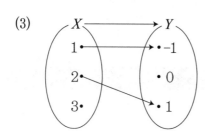

(4)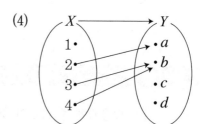

 풀이/정답

(1) X의 2가 화살을 2개 보냈기 때문에 함수가 아니다.

(2) X의 모든 원소가 하나씩의 화살표를 보냈기 때문에 함수이다.

(3) X의 3이 화살을 안 보냈기 때문에 함수가 아니다.

(4) X의 1이 화살을 안 보냈기 때문에 함수가 아니다.

답 | (1) 함수가 아니다.   (2) 함수이다.   (3) 함수가 아니다. (4) 함수가 아니다.

함수의 그래프

집합 X에서 집합 Y로의 함수 $y = f(x)$가 주어졌을 때 정의역 X의 각 원소 x와 그에 대응하는 함수값 $f(x)$의 순서쌍 전체의 집합을 좌표평면에 나타낸 것을 함수 $y = f(x)$의 그래프라고 한다.

그래프에서 함수 판단 방법 : 세로 직선과 한 점에서 만나면 함수이다.

예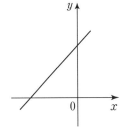

왼쪽 그래프는 세로선과 한 점에서 만나기 때문에 함수그래프이다.

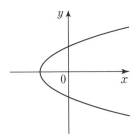

왼쪽 그래프는 세로선과 두 점에서 만나기 때문에 함수그래프가 아니다.

● **기본문제**

1. 다음 대응관계가 함수인지 아닌지 판별하시오.

(1)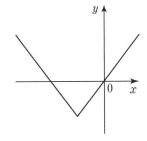

(2)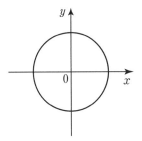

(3)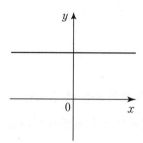

(4)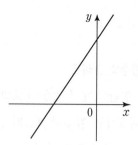

(5)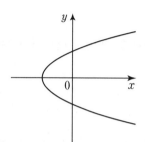

(6)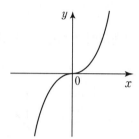

 풀이/정답

----

(1) 세로선과 한 점에서 만나기 때문에 함수그래프이다.

(2) 세로선과 두 점에서 만나기 때문에 함수그래프가 아니다.

(3) 세로선과 한 점에서 만나기 때문에 함수그래프이다.

(4) 세로선과 한 점에서 만나기 때문에 함수그래프이다.

(5) 세로선과 두 점에서 만나기 때문에 함수그래프가 아니다.

(6) 세로선과 한 점에서 만나기 때문에 함수그래프이다.

답 | (1) 함수이다.   (2) 함수가 아니다.   (3) 함수이다.

(4) 함수이다.   (5) 함수가 아니다.   (6) 함수이다.

일대일 함수

정의역 X의 임의의 두 원소 x_1, x_2에 대하여 $x_1 \neq x_2$이면 $f(x_1) \neq f(x_2)$인 함수

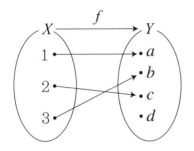

일대일 대응

일대일 함수이면서 치역과 공역이 같은 함수 (Y에 남는 것이 없다.)

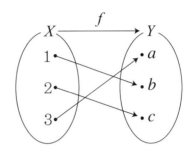

항등 함수

정의역 X의 임의의 원소 x에 대하여 $f(x) = x$ 함수 (자기 자신 선택)

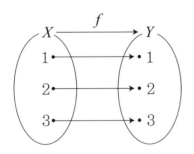

상수 함수

정의역 X의 모든 원소 x에 공역 Y의 단 하나의 원소 c(c는 상수)가 대응되는 함수 (한 곳으로 모이는 함수)

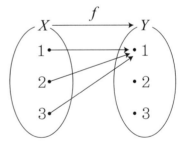

● **기본문제**

1. 다음 대응관계 중 일대일 함수와 일대일 대응을 각각 찾아라.

(1)

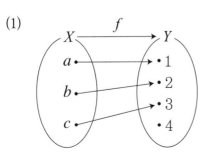

(2)

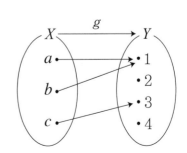

(3)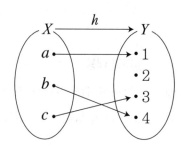

(4)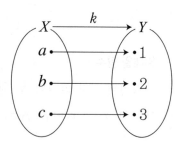

 풀이/정답

(1) 일대일 함수이다.

(2) 일대일 함수가 아니다.

(3) 일대일 함수이다.

(4) 일대일 함수이며 일대일 대응이다.

답 │ 일대일 함수 : (1), (3), (4) 일대일 대응 : (4)

2. 다음 대응관계 및 그래프 중 항등함수와 상수함수를 각각 찾아라.

(1)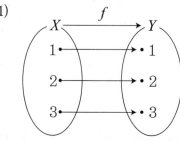

(2)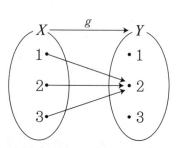

(3)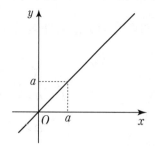

(4)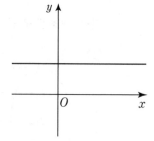

(1) 항등함수이다.

(2) 상수함수이다.

(3) 항등함수 그래프이다.

(4) 상수함수 그래프이다.

답 | 항등함수 : (1), (3) 상수함수 : (2), (4)

3. 다음 중 집합 X에서 집합 Y로의 대응 중 일대일 대응인 것은?

① 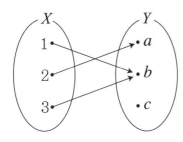 ②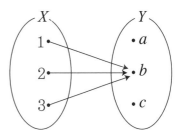

③ 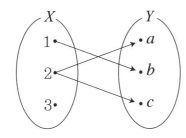 ④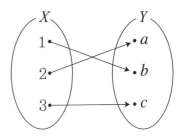

일대일 대응은 공역에 남는 원소가 없어야 하고 화살표가 몰리지 않아야 한다.

답 | ④

04 합성함수

합성함수

두 함수 $f : X \to Y$, $g : Y \to Z$에 대하여 집합 X의 각 원소 x에 집합 Z의 원소 $g(f(x))$를 대응시키는 새로운 함수를 f와 g의 합성함수라 하고, 기호로 다음과 같이 나타낸다.

$g \circ f : X \to Z$,

$(g \circ f)(x) = g(f(x))$

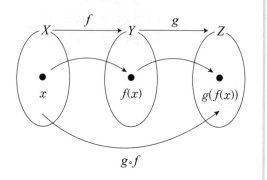

● 기본문제

1. 두 함수 f, g가 오른쪽 그림과 같을 때, 다음을 구하여라.

(1) $(g \circ f)(3)$

(2) $(g \circ f)(1)$

(3) $f(1) + g(5)$

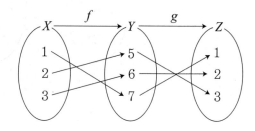

풀이/정답

(1) $(g \circ f)(3) = g(f(3)) = g(6) = 2$

(2) $(g \circ f)(1) = g(f(1)) = g(7) = 1$

(3) $f(1) = 7$, $g(5) = 3$이다. 따라서 $f(1) + g(5) = 10$

답 | (1) 2   (2) 1   (3) 10

2. 두 함수 f, g가 오른쪽 그림과 같을 때, 다음을 구하여라.

(1) $(g \circ f)(1)$

(2) $(g \circ f)(3)$

(3) $(g \circ f)(x) = 4$ 인
집합 X의 원소 x

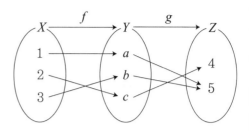

풀이/정답

(1) $(g \circ f)(1) = g(f(1)) = g(a) = 5$

(2) $(g \circ g)(3) = g(f(3)) = g(b) = 5$

(3) $(g \circ f)(2) = g(f(2)) = g(c) = 4$ 따라서 $x = 2$ 이다.

답 | (1) 5   (2) 5   (3) 2

3. 두 함수 $f(x) = x + 2$, $g(x) = 5x - 3$일 때, 다음의 값을 구하시오.

(1) $(f \circ g)(1)$

(2) $(g \circ f)(1)$

풀이/정답

(1) $g(1) = 5 \times 1 - 3 = 2$이므로 $(f \circ g)(1) = f(g(1)) = f(2) = 4$

(2) $f(1) = 1 + 2 = 3$이므로 $(g \circ f)(1) = g(f(1)) = g(3) = 12$

답 | (1) 4   (2) 12

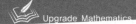

4. 세 함수 $f(x) = x - 2$, $g(x) = x^2 - 1$, $h(x) = \dfrac{1}{2}x + 1$에 대하여 다음의 값을 구하시오.

(1) $f(1)$

(2) $g(3)$

(3) $h(4)$

(4) $(g \circ f)(5)$

(5) $(f \circ g)(-3)$

(6) $(h \circ g)(3)$

(7) $(f \circ h)(4)$

(8) $(h \circ g \circ f)(7)$

 풀이/정답

(1) $f(1) = 1 - 2 = -1$

(2) $g(3) = 3^2 - 1 = 8$

(3) $h(4) = \left(\dfrac{1}{2} \times 4\right) + 1 = 3$

(4) $(g \circ f)(5) = g(f(5)) = g(3) = 8$

(5) $(f \circ g)(-3) = f(g(-3)) = f(8) = 6$

(6) $(h \circ g)(3) = h(g(3)) = h(8) = 5$

(7) $(f \circ h)(4) = f(h(4)) = f(3) = 1$

(8) $(h \circ g \circ f)(7) = h(g(f(7))) = h(g(5)) = h(24) = 13$

답 । (1) -1　　(2) 8　　(3) 3　　(4) 8
　　　(5) 6　　　(6) 5　　(7) 1　　(8) 13

5. 두 함수 $f(x) = 2x - 1$, $g(x) = -x$ 에 대하여 합성함수 $f(g(x))$를 구하면?

 풀이/정답

$f(g(x)) = 2 \times g(x) - 1 = -2x - 1$

답 । $-2x - 1$

역함수

함수 $f: X \to Y$가 일대일 대응일 때, Y의 원소 y에 $y = f(x)$인 X의 원소 x를 대응시키는 새로운 함수를 f의 역함수라 하고, 기호로 다음과 같이 나타낸다.

$$f^{-1}: Y \to X, \quad x = f^{-1}(y)$$

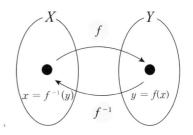

역함수의 성질

1) $f^{-1}(b) = a$이면 $f(a) = b$이다.

2) $(f^{-1} \circ f)(a) = (f \circ f^{-1})(a) = a$이다.

역함수 구하기

$y = f(x)$를 $y = x$에 대하여 대칭이동한 그래프가 $y = f(x)$의 역함수 그래프이다.

● 기본문제

1. 함수 f가 오른쪽 그림과 같을 때, 다음을 구하여라.

(1) $f(4)$

(2) $f^{-1}(4)$

(3) $f(2) + f^{-1}(5)$

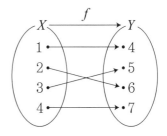

풀이/정답

(1) $f(4) = 7$

(2) $f^{-1}(4) = 1$

(3) $f(2) = 6$, $f^{-1}(5) = 3$ 이다. 따라서 $f(2) + f^{-1}(5) = 9$

답 | (1) 7   (2) 1   (3) 9

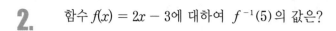
2. 함수 $f(x) = 2x - 3$에 대하여 $f^{-1}(5)$의 값은?

풀이/정답

$f^{-1}(5)$는 $f(x) = 5$가 성립하는 x의 값을 찾는다. 즉, $2x - 3 = 5$이므로 $x = 4$. 따라서 $f^{-1}(5) = 4$이다.

답 | 4

3. 두 함수 $f(x) = 3x - 2$, $g(x) = 2x + 1$에 대하여 다음을 구하여라.

(1) $f(2)$ (2) $f^{-1}(4)$

(3) $g(3)$ (4) $g^{-1}(3)$

(5) $f^{-1}(7)$ (6) $g^{-1}(9)$

(7) $(f^{-1} \circ f)(5)$ (8) $(f \circ f^{-1})(4)$

풀이/정답

(1) $f(2) = (3 \times 2) - 2 = 4$
(2) $f(x) = 4$가 성립하는 x의 값을 찾는다. 즉 $3x - 2 = 4$이므로 $x = 2$
(3) $g(3) = (2 \times 3) + 1 = 7$
(4) $g(x) = 3$이 성립하는 x의 값을 찾는다. 즉 $2x + 1 = 3$이므로 $x = 1$
(5) $f(x) = 7$이 성립하는 x의 값을 찾는다. 즉 $3x - 2 = 7$이므로 $x = 3$
(6) $g(x) = 9$가 성립하는 x의 값을 찾는다. 즉 $2x + 1 = 9$이므로 $x = 4$
(7) $(f^{-1} \circ f)(5) = 5$
(8) $(f \circ f^{-1})(4) = 4$

답 | (1) 4 　　(2) 2 　　(3) 7 　　(4) 1
　　(5) 3 　　(6) 4 　　(7) 5 　　(8) 4

4. 함수 $f(x) = 4x + a$이고, $f^{-1}(6) = 1$일 때, a를 구하여라.

풀이/정답

$f^{-1}(6) = 1$이면 $f(1) = 6$이다. 즉, $f(1) = (4 \times 1) + a = 6$이므로 $a = 2$이다.

답 | 2

5. 다음 함수의 역함수를 구하여라.

(1) $y = 2x + 3$

(2) $y = \dfrac{1}{3}x + 2$

풀이/정답

(1) $y = 2x + 3$의 x, y의 자리를 바꾼 $x = 2y + 3$이 역함수이다.
정리하면 $y = \dfrac{1}{2}x - \dfrac{3}{2}$ 이다.

(2) $y = \dfrac{1}{3}x + 2$의 x, y의 자리를 바꾼 $x = \dfrac{1}{3}y + 2$가 역함수이다.
정리하면 $y = 3x - 6$이다.

답 | (1) $y = \dfrac{1}{2}x - \dfrac{3}{2}$　　(2) $y = 3x - 6$

01 다음 중 함수가 <u>아닌</u> 것은?

①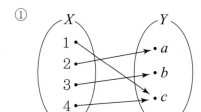

②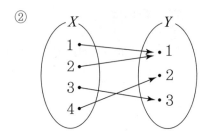

③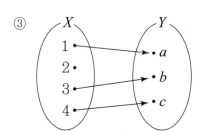

④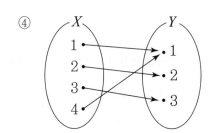

02 다음 중 함수의 그래프가 <u>아닌</u> 것은?

①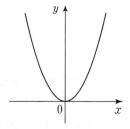

②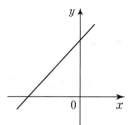

③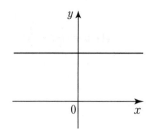

④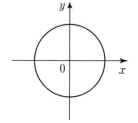

03 다음 중 상수함수인 것은?

①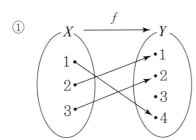

②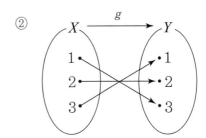

③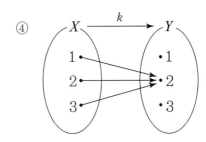

④

04 두 집합 $X = \{1,\ 2,\ 3\}$, $Y = \{4,\ 5,\ 6,\ 7\}$에 대하여 함수 $f : X \to Y$ 가 상수함수 이고 $f(1) = 5$일 때, $f(2)$의 값은?

① 4　　　　　　　　　　② 5

③ 6　　　　　　　　　　④ 7

05 다음 그림에서 함수 $f : X \to Y$에 대하여, $f(1) + f(2)$의 값은?

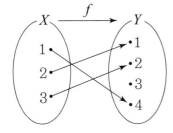

① 4

② 5

③ 6

④ 7

06 두 함수 $f: X \rightarrow Y$, $g: Y \rightarrow Z$가 다음과 같을 때, $(g \circ f)(4)$의 값은?

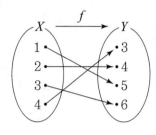 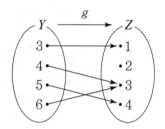

① 1   ② 2

③ 3   ④ 4

07 두 함수 $f(x) = x^2 + 2$, $g(x) = x + 1$의 합성함수 $(g \circ f)(x)$에 대하여, $(g \circ f)(2)$의 값은?

① 7   ② 5

③ 3   ④ 1

08 다음 그림에서 $f^{-1}(3)$의 값은?

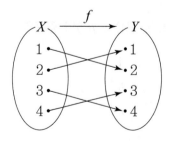

① 1

② 2

③ 3

④ 4

09 $f(x) = x + 5$일 때, $f^{-1}(4)$의 값은?

① 9   ② -1

③ 3   ④ 12

10 함수 $f : X \to Y$가 다음 그림과 같을 때, $(f \circ f^{-1})(5)$의 값은?

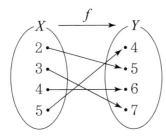

① 2

② 3

③ 4

④ 5

정답 : 1. ③ 2. ④ 3. ④ 4. ② 5. ② 6. ① 7. ① 8. ④ 9. ② 10. ④

02 유리함수와 무리함수

01 유리식과 유리함수

유리식 : 두 다항식 A, $B(B \neq 0)$에 대하여 $\dfrac{A}{B}$의 꼴로 나타내어지는 식

$$유리식\begin{cases} 다항식 : -5,\ \dfrac{1}{3}x^2,\ 3x+2,\ 3x^2-7x+5,\ \cdots \\ 분수식 : \dfrac{3}{x},\ \dfrac{3}{2x+5},\ \dfrac{x+2}{x-5},\ \dfrac{x^2-2x+3}{x+1},\ \dfrac{2x^2-3x+1}{x^2+x+2},\ \cdots \end{cases}$$

유리함수와 분수함수의 뜻

1) 유리함수 : 다항함수, 분수함수를 유리함수라 한다.

2) 다항함수 : 함수 $y = f(x)$에서 $f(x)$가 x에 대한 다항식인 함수

3) 분수함수 : 함수 $y = f(x)$에서 $f(x)$가 x에 대한 분수식인 함수

4) 분수함수의 정의역은 분모를 0으로 하는 x의 값을 제외한 실수 전체의 집합이다.

● 기본문제

1. 다음 함수 중 유리함수인 것을 찾고 분수함수와 다항함수로 구별하시오.

(1) $y = 2x^2 + 1$

(2) $y = \dfrac{2}{x-1}$

(3) $y = \sqrt{2x+4}$

(4) $y = \dfrac{1}{3}x + 2$

풀이/정답

(1) 유리함수이며 다항함수이다.

(2) 유리함수이며 분수함수이다.

(3) 유리함수가 아니다. (무리함수)

(4) 유리함수이며 다항함수이다.

답) 유리함수 : (1), (2), (4) 다항함수 : (1), (4) 분수함수 : (2)

유리함수 $y = \dfrac{k}{x}$ 의 그래프

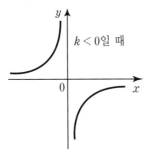

$k < 0$일 때

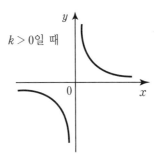

$k > 0$일 때

1) 정의역과 치역은 0을 제외한 실수 전체 집합이다.

2) 원점에 대하여 대칭인 직각 쌍곡선이다.

3) 점근선은 $x = 0(y$축$)$, $y = 0(x$축$)$이다.

4) $k > 0$ 이면 그래프는 1, 3 사분면

   $k < 0$ 이면 그래프는 2, 4 사분면에 그려진다.

● 기본문제

1. 다음 중 $y = \dfrac{1}{x}$ 의 그래프로 적당한 것은?

①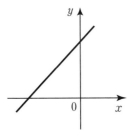

②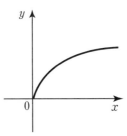

③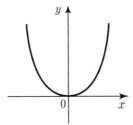

④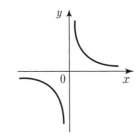

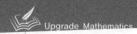

 풀이/정답

① 일차함수 ② 무리함수 ③ 이차함수 ④ 분수함수

답 | ④

2. 다음 유리함수의 그래프를 그리고 점근선을 찾아라.

(1) $y = \dfrac{2}{x}$ 　　　　　　　　　 (2) $y = \dfrac{-2}{x}$

 풀이/정답

(1) 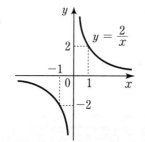　　　(2)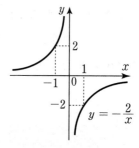

답 | (1) 점근선 : $x = 0,\ y = 0$　　(2) 점근선 : $x = 0,\ y = 0$

유리함수 $y = \dfrac{k}{x - m} + n$ **의 그래프**

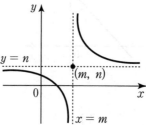

1) $y = \dfrac{k}{x}$ 의 그래프를 x축 방향으로 m, y축 방향으로 n만큼 평행이동한 그래프이다.

2) 점근선의 방정식 : $x = m,\ y = n$　　　3) 대칭점 $(m,\ n)$

---

1. 다음 유리함수의 그래프를 그리고 점근선을 찾아라.

(1) $y = \dfrac{1}{x-1} + 2$

(2) $y = \dfrac{-1}{x+1} - 3$

(3) $y = \dfrac{-1}{x-1} + 2$

(4) $y = \dfrac{1}{x+2} + 3$

 풀이/정답

(1)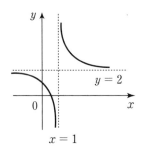

(2)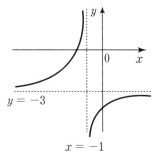

(3)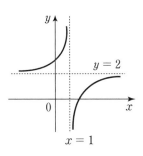

(4)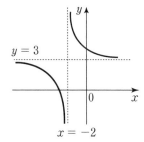

답 | (1) 점근선 : $x = 1$, $y = 2$ (2) 점근선 : $x = -1$, $y = -3$

      (3) 점근선 : $x = 1$, $y = 2$ (4) 점근선 : $x = -2$, $y = 3$

2. 다음은 유리함수 $y = \dfrac{-2}{x-m} + n$의 그래프이다. m, n의 값은?

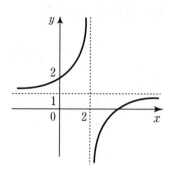

👓 **풀이/정답**

주어진 그래프는 점근선이 $x = 2$, $y = 1$이므로 $y = \dfrac{-2}{x}$의 그래프를 x축의 방향으로 2만큼, y축의 방향으로 1만큼 평행이동한 그래프이다. 따라서 그래프에 대한 식은 $y = \dfrac{-2}{x-2} + 1$이다. $m = 2$, $n = 1$

답 । $m = 2$, $n = 1$

3. 다음 중 유리함수 $y = \dfrac{-1}{x+1} + 2$의 그래프를 고르시오.

①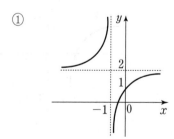

②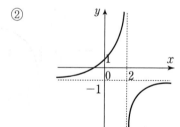

③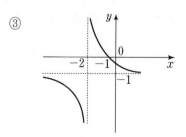

④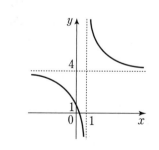

풀이/정답

$y = \dfrac{-1}{x+1} + 2$ 는 $y = \dfrac{-1}{x}$ 의 그래프를 x축의 방향으로 -1만큼, y축의 방향으로 2만큼 평행이동한 그래프이다. 따라서 그래프는 ①이다.

답 | ①

4. 다음 그래프에 대한 식으로 알맞은 것을 고르시오.

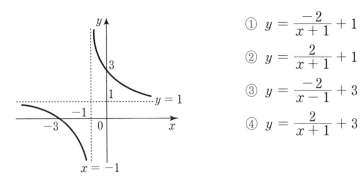

① $y = \dfrac{-2}{x+1} + 1$

② $y = \dfrac{2}{x+1} + 1$

③ $y = \dfrac{-2}{x-1} + 3$

④ $y = \dfrac{2}{x+1} + 3$

풀이/정답

주어진 그래프는 점근선 $x = -1$, $y = 1$ 이므로 $y = \dfrac{k}{x}$ 의 그래프를 x축의 방향으로 -1만큼, y축의 방향으로 1만큼 평행이동한 그래프이다. 따라서 그래프에 대한 식은 $y = \dfrac{k}{x+1} + 1$ 이다. 그래프가 점근선 기준으로 제 1, 3사분면에 그려지므로 k는 양수이다.

답 | ②

5. 다음은 유리함수 $y = \dfrac{a}{x - m} + n$ 의 그래프이다. a, m, n의 값은?

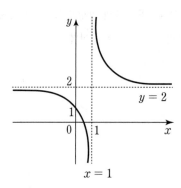

 풀이/정답

주어진 그래프는 점근선이 $x = 1$, $y = 2$이므로 그래프에 대한 식은 $y = \dfrac{a}{x - 1} + 2$ 이다. 또한 그래프가 $(0,\ 1)$을 지나므로 식에 $(0,\ 1)$을 대입하면 $1 = \dfrac{a}{0 - 1} + 2$, 즉 $a = 1$이다. 그래프에 대한 식은 $y = \dfrac{1}{x - 1} + 2$이므로 $a = 1$, $m = 1$, $n = 2$이다.

답 ¦ $a = 1$, $m = 1$, $n = 2$

6. 유리함수 $y = \dfrac{3x + 4}{x + 1}$의 점근선을 구하시오.

풀이/정답

$y = \dfrac{3x + 4}{x + 1}$ 를 변형하면 $y = \dfrac{3(x + 1) + 1}{x + 1} = \dfrac{1}{x + 1} + 3$이다. 따라서 점근선의 식은 $x = -1$, $y = 3$이다.

답 ¦ $x = -1$, $y = 3$

7. 유리함수 $y = \dfrac{2}{x+1} + k$가 (1, 4)를 지날 때, k의 값을 구하시오.

 풀이/정답

$y = \dfrac{2}{x+1} + k$에 (1, 4)를 대입하면 $4 = \dfrac{2}{1+1} + k$이다. 즉 $k = 3$이다.

답 | 3

03 무리식과 무리함수

무리식 : 근호($\sqrt{\ }$) 안에 문자를 포함한 식 중에서 유리식으로 나타낼 수 없는 식

무리식이 정의되기 위한 조건 : (근호 안의 식의 값)≥ 0

무리함수의 뜻

함수 $y = \sqrt{f(x)}$에서 처럼 $\sqrt{\ }$ 안이 x에 대한 식일 때, 이 함수를 무리함수라고 한다.

무리함수의 정의역

함수 $y = \sqrt{f(x)}$에서 (근호 안의 식의 값)≥ 0을 만족시키는 x값 전체를 정의역으로 한다.

● 기본문제

1. 다음 함수 중 무리함수인 것을 찾고 무리함수의 정의역을 구하시오.

(1) $y = \dfrac{1}{x}$

(2) $y = \sqrt{x}$

(3) $y = \sqrt{x-1}$

(4) $y = \sqrt{3}\,x + 2$

 풀이/정답

(1) 무리함수가 아니고 분수함수이다.
(2) 무리함수이며 정의역은 $x \geq 0$ 이다.
(3) 무리함수이며 정의역은 $x - 1 \geq 0$ 이다.
(4) 무리함수가 아니고 다항함수이다.

답 ⏐ (2) 정의역 $\{x \,|\, x \geq 0\}$　　(3) 정의역 $\{x \,|\, x \geq 1\}$

2. 무리함수 $y = \sqrt{x-3} + 2$ 의 정의역을 구하면?

① $\{x \,|\, x \geq 3$인 실수$\}$

② $\{x \,|\, x < 3$인 실수$\}$

③ $\{x \,|\, x \geq 2$인 실수$\}$

④ $\{x \,|\, x < 2$인 실수$\}$

 풀이/정답

무리함수의 정의역은 '$\sqrt{}$ 안이 0보다 크거나 같다.' 이다. 즉, $x - 3 \geq 0$

답 ⏐ ①

무리함수 $y = \sqrt{ax}\,(a \neq 0)$의 그래프

(1) $y = \sqrt{x}$

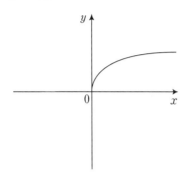

정의역은 $\{x \mid x \geq 0\}$, 치역은 $\{y \mid y \geq 0\}$

(2) $y = \sqrt{-x}$

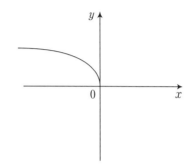

정의역은 $\{x \mid x \leq 0\}$, 치역은 $\{y \mid y \geq 0\}$

(3) $y = -\sqrt{-x}$

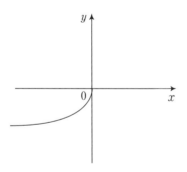

정의역은 $\{x \mid x \leq 0\}$, 치역은 $\{y \mid y \leq 0\}$

(4) $y = -\sqrt{x}$

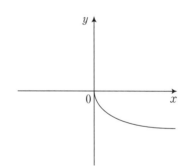

정의역은 $\{x \mid x \geq 0\}$, 치역은 $\{y \mid y \leq 0\}$

● 기본문제

1. 다음 중 $y = \sqrt{x}$ 의 그래프를 고르시오.

①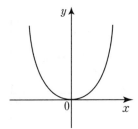

②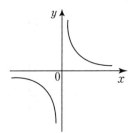

③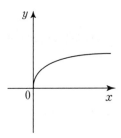

④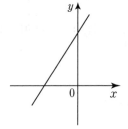

풀이/정답

⋯⋯⋯⋯⋯⋯⋯⋯⋯⋯⋯⋯⋯⋯⋯⋯⋯⋯⋯⋯⋯⋯⋯⋯⋯⋯⋯⋯⋯⋯⋯⋯⋯⋯⋯⋯⋯

① 이차함수   ② 유리함수   ③ 무리함수   ④ 일차함수

답 | ③

무리함수 $y = \sqrt{a(x - p)} + q\,(a \neq 0)$ 의 그래프

함수 $y = \sqrt{ax}$ 의 그래프를 x축의 방향으로 p만큼, y축의 방향으로 q만큼 평행이동한다.

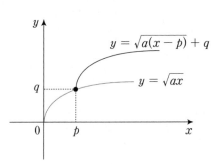

1. 다음 무리함수의 그래프를 그리시오.

(1) $y = \sqrt{x-2} + 1$　　　　　　　(2) $y = -\sqrt{x+1} + 2$

(3) $y = \sqrt{-(x-3)} - 1$　　　　　　(4) $y = -\sqrt{-(x-1)} + 4$

 풀이/정답

(1)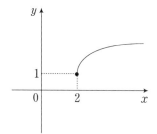

(2)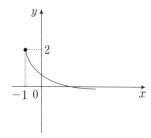

(3)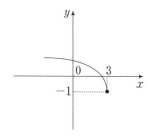

(4)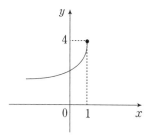

2. 오른쪽 그래프가 나타내는 함수의 식은?

① $y = \sqrt{x+1} + 2$

② $y = \sqrt{x-1} + 2$

③ $y = \sqrt{x+2} + 1$

④ $y = \sqrt{x-1} - 2$

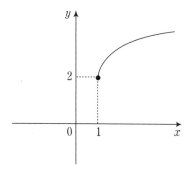

 풀이/정답

주어진 그래프는 $y = \sqrt{x}$ 의 그래프를 x축의 방향으로 1만큼, y축의 방향으로 2만큼 평행이동한 그래프이다. 따라서 그래프의 식은 $y = \sqrt{x-1} + 2$ 이다.

답 | ②

3. 오른쪽 그래프가 나타내는 함수의 식은?

① $y = \sqrt{x+1} + 2$

② $y = \sqrt{x-1} + 2$

③ $y = -\sqrt{x+1} + 2$

④ $y = -\sqrt{x-1} + 2$

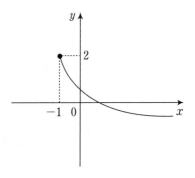

 풀이/정답

주어진 그래프는 $y = -\sqrt{x}$ 의 그래프를 x축의 방향으로 -1만큼, y축의 방향으로 2만큼 평행이동한 그래프이다. 따라서 그래프의 식은 $y = -\sqrt{x+1} + 2$ 이다.

답 | ③

4. 다음 중 $y = \sqrt{-(x+2)} + 1$의 그래프로 알맞은 것은?

①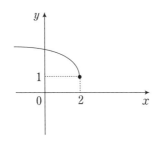

②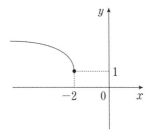

③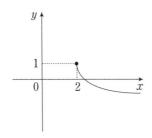

④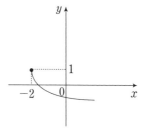

 풀이/정답

$y = \sqrt{-(x+2)} + 1$은 $y = \sqrt{-x}$의 그래프를 x축의 방향으로 -2만큼, y축의 방향으로 1만큼 평행이동한 그래프이다. 따라서 알맞은 그래프는 ②이다.

답 | ②

5. 무리함수 $y = \sqrt{2x-1} + 1$에서 $(5, k)$를 지날 때, k 값은?

풀이/정답

$y = \sqrt{2x-1} + 1$에 $(5, k)$를 대입하면 $k = \sqrt{(2 \times 5) - 1} + 1$이다. 즉 $k = 4$이다.

답 | 4

6. 다음 그림은 무리함수 $y = 3\sqrt{x}$ 의 그래프이다. $x = 4$일 때, y의 값은?

① 6

② 7

③ 8

④ 9

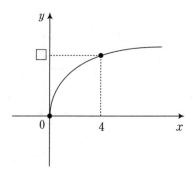

 풀이/정답

$y = 3\sqrt{x}$ 에 $x = 4$를 대입하면 $y = 3\sqrt{4} = 3 \times 2 = 6$이다. 즉 ①이다.

답 | ①

Exercises

11 다음 중 분수함수인 것은?

① $y = x^2$

② $y = \dfrac{x}{2}$

③ $y = \dfrac{1}{x}$

④ $y = \sqrt{x}$

12 〈보기〉는 분수함수 $y = -\dfrac{1}{x}$에 대한 설명이다. 옳은 것을 모두 고른 것은?

> 〈보기〉
>
> ㄱ. 점 $(0, 0)$에 대하여 대칭이다.
>
> ㄴ. 점근선은 x축, y축이다.
>
> ㄷ. 그래프는 제 2, 4사분면에 있다.
>
> ㄹ. 그래프의 모양은 직선이다.

① ㄱ, ㄴ

② ㄱ, ㄷ

③ ㄴ, ㄷ

④ ㄱ, ㄴ, ㄷ

13 함수 $y = \dfrac{1}{x-1} + 1$의 점근선은?

① $x = 0,\ y = 1$

② $x = 0,\ y = -1$

③ $x = 1,\ y = 1$

④ $x = 1,\ y = -1$

14 다음 그래프에 해당하는 분수함수식은?

① $y = \dfrac{1}{x-1} + 2$

② $y = \dfrac{-1}{x-1} + 2$

③ $y = \dfrac{1}{x+2} + 1$

④ $y = \dfrac{1}{x+1} - 2$

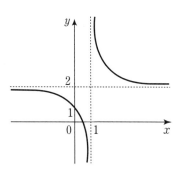

15 함수 $y = \dfrac{-1}{x+2} + 1$의 그래프는?

①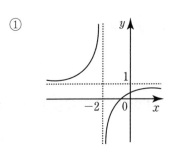

②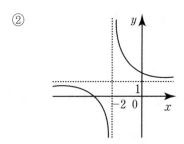

③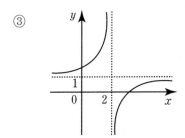

④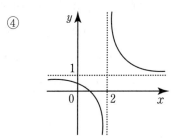

16 함수 $y = \dfrac{1}{x}$의 그래프를 x축의 방향으로 3만큼, y축의 방향으로 2만큼 평행이
동하면 $y = \dfrac{1}{x-a} + b$의 그래프가 된다. $a + b$의 값은?

① 1

② 2

③ 5

④ -5

17 다음 중 $y = \sqrt{x-1}$ 의 그래프인 것은?

①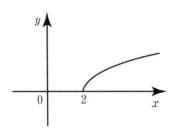

②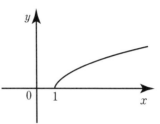

③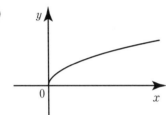

④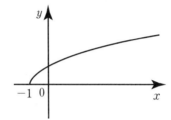

18 $y = \sqrt{x}$ 가 다음과 같이 평행이동 하였을 때, 올바른 무리함수식은?

① $y = \sqrt{x-3} + 1$

② $y = \sqrt{x+1} + 3$

③ $y = \sqrt{x+3} + 1$

④ $y = \sqrt{x-3} - 1$

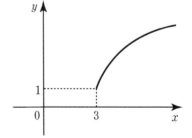

19 분수함수 $y = \dfrac{2}{x+1} + 3$의 그래프가 점 $(1, k)$를 지날 때, 실수 k의 값은?

① 1   ② 2

③ 3   ④ 4

20 무리함수 $y = \sqrt{x+3} + 4$에서 $x = 1$일 때, y의 값은?

① 7   ② 1

③ 8   ④ 6

VI

·

경우의 수

01 경우의 수

01 경우의 수

> **합의 법칙**
>
> 두 사건 A, B가 동시에 일어나지 않을 때, 사건 A, B가 일어나는 경우의 수가 각각 m, n이면, 사건 A 또는 사건 B가 일어나는 경우의 수는 $m + n$이다.
>
> 두 사건 A, B가 일어나는 경우의 집합을 각각 A, B라고 하고 $A \cap B = \varnothing$일 때, 합집합의 원소의 개수는 $n(A \cup B) = n(A) + n(B)$이다.
> 이것은 곧 두 사건 A, B에 대한 합의 법칙을 나타낸다.

● 기본문제

1. 주사위 1개를 던질 때, 3의 배수 또는 5의 배수가 나오는 경우의 수를 구하시오.

 풀이/정답

3의 배수는 2가지, 5의 배수는 1가지 이므로 경우의 수는 3가지이다.

답 | 3

2. 수학책 5종류와 국어책 3종류가 있다. 이 중 한 권을 골라 선물하려 한다. 경우의 수를 구하시오.

 풀이/정답

수학책과 국어책을 동시에 선택할 수 없으므로 합의 법칙에 의하여 경우의 수는 8가지 이다.

답 | 8

3. 집에서 학교로 가는 통학방법에는 버스노선 4종류, 지하철노선 2종류가 있다. 집에서 학교로 가는 경우의 수를 구하시오.

풀이/정답

버스와 지하철을 동시에 선택할 수 없으므로 합의 법칙에 의하여 경우의 수는 6가지이다.

답 | 6

4. 주말에 프로 야구는 4경기, 프로 축구는 3경기가 열린다. 이 때, 프로 야구 또는 프로 축구 경기 중에서 관람할 경기 하나를 선택하는 경우의 수를 구하시오.

풀이/정답

야구와 축구를 동시에 선택할 수 없으므로 합의 법칙에 의하여 경우의 수는 7가지이다.

답 | 7

곱의 법칙

사건 A가 일어나는 경우의 수가 m, 그 각각에 대하여 사건 B가 일어나는 경우의 수가 n일 때, 두 사건 A, B가 잇달아 일어나는 경우의 수는 $m \times n$이다.

두 사건 A, B가 일어나는 경우의 집합을 각각 A, B라고 하면 집합 A의 원소 각각에 집합 B의 원소를 하나씩 대응시키는 순서쌍의 개수는 $n(A) \times n(B)$이다.
이것은 곧 두 사건 A, B에 대한 곱의 법칙을 나타낸다.

● 기본문제

1. 동전 1개와 주사위 1개를 동시에 던질 때 나오는 경우의 수를 구하시오.

 풀이/정답

동전은 앞, 뒤 2가지이고 주사위는 6가지이다. 동시에 일어나는 경우의 수이므로 곱의 법칙에 의하여 12가지이다.

답 」 12

2. 수학책 5종류와 국어책 3종류가 있다. 이 중 한 권씩을 골라 포장을 하려 한다. 경우의 수를 구하시오.

 풀이/정답

수학책과 국어책을 동시에 한 권씩 선택하므로 곱의 법칙에 의하여 경우의 수는 15가지이다.

답 」 15

3. 상의 4벌, 하의 3벌이 있을 때, 상의와 하의 하나씩 짝지어 입는 방법의 수를 구하시오.

 풀이/정답

상의와 하의를 동시에 선택하므로 곱의 법칙에 의하여 경우의 수는 12가지이다.

답 」 12

4. 어느 음식점 메뉴에는 식사류 4종류와 후식류 2종류가 있다. 식사류 1가지와 휴식류 1가지를 묶어 세트 메뉴를 만들려고 한다. 세트 메뉴의 경우의 수를 구하시오.

 풀이/정답

식사와 후식을 동시에 선택하므로 곱의 법칙에 의하여 경우의 수는 8가지이다.

답 | 8

02 순열

순열

서로 다른 n개에서 $r(0 < r \leq n)$개를 택하여 순서대로 일렬로 나열하는 것을 n개에서 r개를 택하는 순열이라 하며, 이 순열의 수를 기호로 $_nP_r$과 같이 나타낸다.

순열의 수

(1) 서로 다른 n개에서 r개를 택하는 순열의 수

$$_nP_r = \underbrace{n(n-1)(n-2)\cdots(n-r+1)}_{r개} \text{ (단, } 0 \leq r \leq n)$$

(2) 순열의 수

1) $_nP_2 = n(n-1)$, $_nP_3 = n(n-1)(n-2)$

2) $_nP_n = n(n-1)(n-2)\cdots 3 \cdot 2 \cdot 1 = n!$

3) $0! = 1$, $_nP_0 = 1$

● 기본문제

1. 다음을 계산하시오.

(1) $_5P_2$

(2) $_8P_2$

(3) $_6P_3$

(4) $_7P_3$

 풀이/정답

(1) $_5P_2 = 5 \times 4$ (2) $_8P_2 = 8 \times 7$ (3) $_6P_3 = 6 \times 5 \times 4$

(4) $_7P_3 = 7 \times 6 \times 5$

답 | (1) 20 (2) 56 (3) 120 (4) 210

2. 다음을 계산하시오.

(1) $_5P_0$

(2) $_8P_0$

(3) $_6P_1$

(4) $_7P_1$

 풀이/정답

답 | (1) 1 (2) 1 (3) 6 (4) 7

3. 다음을 계산하시오.

(1) 3!   (2) 4!

(3) 5!   (4) 0!

 풀이/정답

(1) $3! = 3 \times 2 \times 1$ (2) $4! = 4 \times 3 \times 2 \times 1$ (3) $5! = 5 \times 4 \times 3 \times 2 \times 1$
(4) $0! = 1$

답 | (1) 6   (2) 24   (3) 120   (4) 1

4. 후보 5명 중에서 회장 1명과 총무 1명을 선발하는 경우의 수를 구하시오.

 풀이/정답

5명 중 2명을 뽑아 나열하는 순열의 수이므로 $_5P_2 = 5 \times 4$ 이다.

답 | 20

5. 1부터 6까지 자연수 중 2개를 선택하여 만들 수 있는 두 자리 정수의 개수를 구하시오.

 풀이/정답

6가지 중 2개를 뽑아 나열하는 순열의 수이므로 $_6P_2 = 6 \times 5$ 이다.

답 | 30

6. 1, 2, 3이 적혀있는 세 장의 카드가 있다. 이 카드를 모두 나열하여 만들 수 있는 세 자리 자연수의 개수를 구하시오.

 풀이/정답

3개를 나열하는 경우의 수는 3!이므로 $3 \times 2 \times 1$ 이다.

답 | 6

7. 4명의 계주 선수가 있다. 4명의 선수들의 출발 순서를 정하는 경우의 수를 구하시오.

 풀이/정답

4명을 나열하는 경우의 수는 4!이므로 $4 \times 3 \times 2 \times 1$이다.

답 | 24

03 조합

조합

서로 다른 n개에서 순서를 생각하지 않고 $r(0 < r \le n)$개를 택하는 것을 n개에서 r개를 택하는 조합이라 하며, 이 조합의 수를 기호로 $_nC_r$과 같이 나타낸다.

순열은 순서를 생각하여 일렬로 배열한 것이고, 조합은 순서를 생각하지 않고 뽑은 것이다.

예 어떤 학급의 회장과 부회장을 1명씩 뽑는 방법은 순열이고, 임원 2명을 뽑는 방법은 조합이다.

조합의 수

(1) 서로 다른 n개에서 r개를 택하는 조합의 수
$$_nC_r = \frac{_nP_r}{r!} = \frac{n!}{r!(n-r)!} \ (\text{단}, \ 0 \le r \le n)$$

(2) 조합의 수의 성질

1) $_nC_2 = \dfrac{n(n-1)}{2 \times 1}$, $_nC_3 = \dfrac{n(n-1)(n-2)}{3 \times 2 \times 1}$

2) $_nC_0 = 1$, $_nC_n = 1$, $_nC_1 = n$

3) $_nC_r = {_nC_{n-r}}$ (단, $0 \le r \le n$)

● **기본문제**

1. 다음을 계산하시오.

(1) $_5C_2$ (2) $_8C_2$

(3) $_6C_3$ (4) $_7C_3$

 풀이/정답

(1) $_5C_2 = \dfrac{5 \times 4}{2 \times 1}$ (2) $_8C_2 = \dfrac{8 \times 7}{2 \times 1}$

(3) $_6C_3 = \dfrac{6 \times 5 \times 4}{3 \times 2 \times 1}$ (4) $_7C_3 = \dfrac{7 \times 6 \times 5}{3 \times 2 \times 1}$

답 | (1) 10   (2) 28   (3) 20   (4) 35

2. 다음을 계산하시오.

(1) $_5C_0$ (2) $_8C_0$

(3) $_3C_3$ (4) $_4C_4$

 풀이/정답

$_nC_0 = 1$, $_nC_n = 1$ 이다.

답 | (1) 1   (2) 1   (3) 1   (4) 1

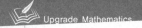

3. 후보 5명 중에서 대표 2명을 선발하는 경우의 수를 구하시오.

 풀이/정답

5명 중 2명을 뽑는 조합의 수이므로 $_5C_2 = \dfrac{5 \times 4}{2 \times 1}$ 이다.

답 | 10

4. 일주일 중 3일을 드럼악기 연습을 하기로 하였다. 연습할 3일을 정하는 경우의 수를 구하시오.

 풀이/정답

7일 중 3일을 선택하는 조합의 수이므로 $_7C_3 = \dfrac{7 \times 6 \times 5}{3 \times 2 \times 1}$ 이다.

답 | 35

5. 8개의 과학탐구 과목 중에서 2과목을 선택하여 수능을 신청하려 한다. 선택할 수 있는 모든 경우의 수를 구하시오.

 풀이/정답

8과목 중 2과목을 선택하는 조합의 수이므로 $_8C_2 = \dfrac{8 \times 7}{2 \times 1}$ 이다.

답 | 28

01 주머니 안에 1에서 7까지의 자연수가 각각 적힌 일곱 개의 크기가 같은 구슬이 들어 있다. 주머니에서 한 개의 구슬을 꺼낼 때, 2의 배수 또는 5의 배수가 나오는 경우의 수는?

① 3

② 4

③ 5

④ 6

02 어느 분식점의 메뉴판을 보고 식사와 음료를 한 가지씩 주문할 때, 선택할 수 있는 모든 경우의 수는?

① 3

② 5

③ 7

④ 9

03 4개의 자음 ㄴ, ㄹ, ㅁ, ㅇ과 2개의 모음 ㅏ, ㅜ 중에서 자음 한 개와 모음 한 개를 짝지어 글자를 만들려고 한다. 만들 수 있는 글자는 모두 몇 가지인가?

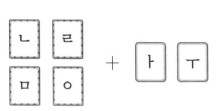

① 6가지

② 8가지

③ 10가지

④ 12가지

04 다음 그림과 같이 상의 3가지와 하의 2가지를 짝지어 입으려고 한다. 짝지어 입을 수 있는 경우의 수는 모두 몇 가지인가?

① 5가지   ② 6가지

③ 7가지   ④ 8가지

05 A에서 B까지 가는 방법은 3가지, B에서 C까지 가는 방법은 2가지 일 때, A에서 B를 거쳐 C까지 가는 방법은 모두 몇 가지인가?

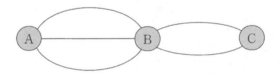

① 2   ② 3

③ 5   ④ 6

06 A, B 두 개의 주사위를 동시에 던질 때, 주사위 A의 눈의 수는 홀수, 주사위 B의 눈의 수는 3의 배수가 나오는 경우의 수는?

① 3   ② 4

③ 5   ④ 6

07 $3! + {}_5P_2 + {}_5C_2$의 값을 구하면?

① 36   ② 40

③ 46   ④ 50

08 여자 10명으로 이루어진 아이돌 그룹이 있다. 이 그룹의 보컬대표 1명과 댄스대표 1명을 뽑는 경우의 수는?(단, 중복불가)

① 25   ② 30

③ 45   ④ 90

09 남자 9명으로 이루어진 동아리가 있다. 이 동아리의 대표 2명을 정하는 경우의 수는?

① 18   ② 20

③ 36   ④ 72

10 다음 그림과 같은 석 장의 숫자 카드가 있다. 이 중에서 서로 다른 두 장의 카드를 택하여 만들 수 있는 두 자리 정수의 개수는?

① 6개   ② 8개

③ 10개   ④ 12개

정답 : 1. ②   2. ④   3. ②   4. ②   5. ④   6. ④   7. ①   8. ④   9. ③   10. ①

수학

인쇄일	2023년 4월 24일
발행일	2023년 5월 1일
펴낸곳	(주)이타임라이프
지은이	편집부
주소	서울시 영등포구 경인로77가길 16 부곡빌딩 401호(문래동2가)
등록번호	2022.12.22 제 2022-000150호
ISBN	979-11-982268-2-2 13370

기초다지기 / 기초굳히기

"기초다지기, 기초굳히기 한권으로 시작하는 검정고시 첫걸음"

· 기초부터 차근차근 시작할 수 있는 교재
· 기초가 없어 시작을 망설이는 수험생을 위한 교재

기본서

**"단기간에 합격! 효율적인 학습!
 적중률 100%에 도전!"**

· 철저하고 꼼꼼한 교육과정 분석에서 나온 탄탄한 구성
· 한눈에 쏙쏙 들어오는 내용정리
· 최고의 강사진으로 구성된 동영상 강의

만점 전략서

"검정고시 합격은 기본! 고득점과 대학진학은 필수!"

· 검정고시 고득점을 위한 유형별 요약부터
  문제풀이까지 한번에
· 기본 다지기부터 단원 확인까지 실력점검

핵심 총정리

"시험 전 총정리가 필요한 이 시점! 모든 내용이 한눈에"

· 단 한권에 담아낸 완벽학습 솔루션
· 출제경향을 반영한 핵심요약정리

합격길라잡이

"개념 4주 다이어트, 교재도 다이어트한다!"

· 요점만 정리되어 있는 교재로 단기간 시험범위 완전정복!
· 합격길라잡이 한권이면 합격은 기본!

기출문제집

"시험장에 있는 이 기분! 기출문제로 시험문제 유형 파악하기"

· 기출을 보면 답이 보인다
· 차원이 다른 상세한 기출문제풀이 해설

예상문제

"오랜기간 노하우로 만들어낸 신들린 입시고수들의 예상문제"

· 출제 경향과 빈도를 분석한 예상문제와 정확한 해설
· 시험에 나올 문제만 예상해서 풀이한다

한양 시그니처 관리형 시스템

#정서케어 #학습케어 #생활케어

관리형 입시학원의 탄생

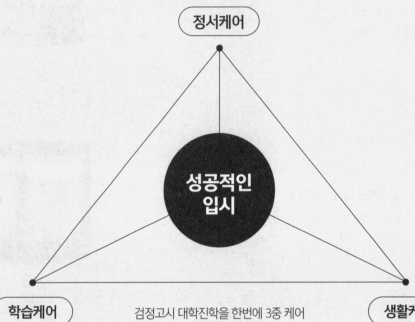

정서케어

성공적인
입시

학습케어

생활케어

검정고시 대학진학을 한번에 3중 케어

정서케어

· 3대1 멘토링
  (입시담임, 학습담임, 상담교사)
· MBTI (성격유형검사)
· 심리안정 프로그램
  (아이스브레이크, 마인드 코칭)
· 대학탐방을 통한 동기부여

학습케어

· 1:1 입시상담
· 수준별 수업제공
· 전략과목 및 취약과목 분석
· 성적 분석 리포트 제공
· 학습플래너 관리
· 정기 모의고사 진행
· 기출문제 & 해설강의

생활케어

· 출결점검 및 조퇴, 결석 체크
· 자습공간 제공
· 쉬는 시간 및 자습실
  분위기 관리
· 학원 생활 관련 불편사항
  해소 및 학습 관련 고민 상담

HANYANG
A C A D E M Y

| 한양 프로그램 한눈에 보기 |

· 검정고시반 중·고졸 검정고시 수업으로 한번에 합격!

기초개념	기본이론	핵심정리	핵심요약	파이널
개념 익히기	과목별 기본서로 기본 다지기	핵심 총정리로 출제 유형 분석 경향 파악	요약정리 중요내용 체크	실전 모의고사 예상문제 기출문제 완성

· 고득점관리반 검정고시 합격은 기본 고득점은 필수!

기초개념	기본이론	심화이론	핵심정리	핵심요약	파이널
전범위 개념익히기	과목별 기본서로 기본 다지기	만점 전략서로 만점대비	핵심 총정리로 출제 유형 분석 경향 파악	요약정리 중요내용 체크 오류범위 보완	실전 모의고사 예상문제 기출문제 완성

· 대학진학반 고졸과 대학입시를 한번에!

기초학습	기본학습	심화학습/검정고시 대비	핵심요약	문제풀이, 총정리
기초학습과정 습득 학생별 인강 부교재 설정	진단평가 및 개별학습 피드백 수업방향 및 난이도 조절 상담	모의평가 결과 진단 및 상담 4월 검정고시 대비 집중수업	자기주도 과정 및 부교재 재설정 4월 검정고시 성적에 따른 재시험 및 수시컨설팅 준비	전형별 입시진행 연계교재 완성도 평가

· 수능집중반 정시준비도 전략적으로 준비한다!

기초학습	기본학습	심화학습	핵심요약	문제풀이, 총정리
기초학습과정 습득 학생별 인강 부교재 설정	진단평가 및 개별학습 피드백 수업방향 및 난이도 조절 상담	모의고사 결과진단 및 상담 / EBS 연계 교재 설정 / 학생별 학습성취 사항 평가	자기주도 과정 및 부교재 재설정 학생별 개별지도 방향 점검	전형별 입시진행 연계교재 완성도 평가

D-DAY를 위한 신의 한수

검정고시생 대학진학 입시 전문

검정고시 합격은 기본!
대학진학은 필수!

입시 전문가의 컨설팅으로 성적을 뛰어넘는 결과를 만나보세요!

HANYANG ACADEMY

(YouTube)

모든 수험생이 꿈꾸는
더 완벽한 입시 준비!

입시전략 컨설팅　수시전략 컨설팅　자기소개서 컨설팅

면접 컨설팅　　논술 컨설팅　　정시전략 컨설팅

입시전략 컨설팅

학생 현재 상태를 파악하고 희망 대학
합격 가능성을 진단해 목표를 달성
할 수 있도록 3중 케어

수시전략 컨설팅

학생 성적에 꼭 맞는 대학 선정으로
합격률 상승! 검정고시 (혹은 모의고사)
성적에 따른 전략적인 지원으로 현실성
있는 최상의 결과 보장

자기소개서 컨설팅

지원동기부터 학과 적합성까지 한번에!
학생만의 스토리를 녹여 강점은
극대화 하고 단점은 보완하는
밀착 첨삭 자기소개서

면접 컨설팅

기초인성면접부터 대학별 기출예상질문
대비와 모의촬영으로 실전면접
완벽하게 대비

대학별 고사 (논술)

최근 5개년 기출문제 분석 및 빈출 주제를
정리하여 인문 논술의 트렌드를 강의!
지문의 정확한 이해와 글의 요약부터
밀착형 첨삭까지 한번에!

정시전략 컨설팅

빅데이터와 전문 컨설턴트의 노하우 /
실제 합격 사례 기반 전문 컨설팅

MK 감자유학

Valuable education content provider

We're Experts

우리는 최상의 유학 컨텐츠를 지속적으로 제공하기 위해 정기 상담자 워크샵, 해외 워크샵, 해외 학교 탐방, 웨비나 미팅, 유학 세미나를 진행합니다.

이를 통해 국가별 가장 빠른 유학트렌드 업데이트, 서로의 전문성을 발전시키며 다양한 고객의 니즈에 가장 적합한 유학솔루션을 제공하기 위해 최선을 다합니다.

KEY STATISTICS

30년+
전통교육그룹

17개
국내최다센터

15년
평균상담경력

24개국
해외네트워크

2,600+
해외교육기관

Educational

감자유학은 교육전문그룹인 매경아이씨에서 만든 유학부문 브랜드입니다. 국내 교육 컨텐츠 개발 노하우를 통해 최상의 해외 교육 기회를 제공합니다.

The Largest

감자유학은 전국 어디에서도 최상의 해외유학 상담을 제공할 수 있도록 국내 유학 업계 최다 상담 센터를 운영하고 있습니다.

Specialist

전 상담자는 평균 15년이상의 풍부한 유학 컨설팅 노하우를 가진 전문가 입니다. 이를 기반으로 감자유학만의 차별화된 유학 컨설팅 서비스를 제공합니다.

Global Network

미국, 캐나다, 영국, 아일랜드, 호주, 뉴질랜드, 필리핀, 말레이시아 등 감자유학 해외 네트워크를 통해 발빠른 현지 정보 업데이트와 안정적인 현지 정착 서비스를 제공합니다.

Oversea Instituitions

고객에게 최상의 유학 솔루션을 제공하기 위해서는 다양하고 세분화된 해외 교육기관의 프로그램이 필수 입니다. 2천개가 넘는 교육기관을 통해 맞춤 유학 서비스를 제공합니다.

2020
대한민국 교육 산업
유학 부문 대상

2012 / 2015
대한민국 대표
우수기업 1위

2014 / 2015
대한민국 서비스
만족대상 1위

OUR SERVICES

현지 관리
안심시스템

엄선된
어학연수교

전세계 1%대학
입학 프로그램

전문가
1:1 컨설팅

All In One
수속 관리

해외
어학연수

English Language Study

해외
인턴십

Internship

해외
대학유학

University Level Study

해외
초중고유학

Early Study abroad

해외
영어캠프

English Camp

24개국 네트워크   미국 ㅣ 캐나다 ㅣ 영국 ㅣ 아일랜드 ㅣ 호주 ㅣ 뉴질랜드 ㅣ 몰타 ㅣ 싱가포르 ㅣ 필리핀

국내 유학업계 중 최다 센터 운영!

감자유학 전국센터

강남센터	강남역센터	분당서현센터	일산센터	인천송도센터
수원센터	청주센터	대전센터	전주센터	광주센터
대구센터	울산센터	부산서면센터	부산대연센터	
예약상담센터	서울충무로	서울신도림	대구동성로	

문의전화 **1588-7923**

왕초보 영어탈출 **구구단 잉글리쉬**

ABC 알파벳부터 회화까지~~ 구구단보다 쉬운영어~ ♪♬

01 | **구구단 잉글리쉬는 왕기초 영어 전문 동영상 사이트입니다.**
알파벳부터 소릿값 발음의 규칙부터 시작하는 왕초보 탈출 프로그램입니다.

02 | **지금까지 영어 정복에 실패하신 모든 분들께 드리는 새로운 영어학습법!**
오랜 기간 영어공부를 했었지만 영어로 대화 한마디 못하는 현실에 답답함을 느끼는 분들을
위한 획기적인 영어 학습법입니다.

03 | **언제, 어디서나 마음껏 공부할 수 있는 환경을 제공해 드립니다.**
인터넷이 연결된 장소라면 시간 상관없이 24시간 무한 반복 수강!
태블릿 PC와 스마트폰으로 필기구 없이도 자유로운 수강이 가능합니다.

체계적인 단계별 학습

파닉스	어순	뉘앙스	회화
· 알파벳과 발음 · 품사별 기초단어	· 어순감각 익히기 · 문법개념 총정리	· 표현별 뉘앙스 · 핵심동사와 전치사로 표현력 향상	· 일상회화&여행회화 · 생생 영어 표현

파닉스		어순		어법
1단 발음트기	2단 단어트기	3단 어순트기	4단 문장트기	5단 문법트기
알파벳 철자와 소릿값을 익히는 발음트기	666개 기초 단어를 품사별로 익히는 단어트기	영어의 기본어순을 이해하는 어순트기	문장확장 원리를 이해하여 긴 문장을 활용하여 문장트기	회화에 필요한 핵심문법 개념정리! 문법트기

뉘앙스		회화	
6단 느낌트기	7단 표현트기	8단 대화트기	9단 수다트기
표현별 어감차이와 사용법을 익히는 느낌트기	핵심동사와 전치사 활용으로 쉽고 풍부하게 표현트기	일상회화 및 여행회화로 대화트기	감 잡을 수 없었던 네이티브들의 생생표현으로 수다트기